RESCATADO
PARA RESCATAR

POR: ALAN VICÉNS LUGO

RESCATADO PARA RESCATAR 2021
POR ALAN VICÉNS LUGO
2021
IMPULSO CERO, INC.
Impulso Cero en Facebook

A menos que se indique lo contrario, todos los textos bíblicos han sido tomados de: Santa Biblia, Versión Reina Valera 1960.

Diseño de portada: Pastora Jennybert Grullón
www.facebook.com/Jen. G Art/

Editora: Patria Rivera
PatriaCorrige@gmail.com

Diagramación: Jorge L. Santiago
jscgraphicdesigner@gmail.com

ISBN: 9798778675834

Email: alanvicenslugo@gmail.com
impulsoceroinc@gmail.com
Clasificación: Fe, Inspiracional

DEDICATORIA

¡Wow!

¡Qué difícil puede ser hacer una dedicatoria cuando hay tanta gente que ha sido muy importante para el desarrollo de este humilde libro! Pero deseo dedicarlo principalmente a dos personas.

En primer lugar, lo dedico a la persona más importante de mi vida, la que me ha ayudado con cada idea. Cada palabra no viene simplemente de mi corazón, sino que ha sido inspirada por el Espíritu Santo de Dios. Él ha sido mi guía en medio de este proceso de reinserción a la sociedad y estuvo en cada momento desde que le di la oportunidad de entrar en mi vida cuando aún estaba dentro de la cárcel. Tan sabio y tan humilde que, sabiendo que a veces mis oídos se pueden poner pesados para escuchar, con paciencia me busca la vuelta para que lo entienda. En este camino aprendí a reconocer su voz a través de mi amada esposa, como esa oveja que escucha la voz de su pastor y la reconoce en cualquier lugar.

Por lo tanto, esa segunda persona a quien deseo honrar y dedicar este libro es a mi amada esposa, Lymarie Nieves Plaza. Yo soy el sacerdote de este matrimonio, pero ella me dirige como pastor que ama a su oveja. Es la mujer que Dios mismo me señaló con su dedo e indicó que Él la aprobaba para mí. Él mismo se encargó de enseñarme, dentro de su sabiduría, lo que era la belleza, para que yo entendiera la pieza tan especial que Él había diseñado en ella. Esa hermosa mujer que se ha dejado moldear por Dios y, transformando su vida, me ha ayudado a continuar evolucionando en la mía.

Esa que, cuando tiene algo rico en su plato para comer, me da a mí primero; y cuando prepara la comida, me saca de la cocina porque la desespero, y ella quiere que le quede bien porque es para mí. Y ella, tan humilde, se conforma con que yo le sirva jugo en un vaso.

Esa que me acogió porque, siendo una visionaria, entendió lo que Dios había hecho en mí. La que tomó de su tiempo, su dinero, su imagen, sus amistades, su familia, todo lo que puede ser de valor entre la sociedad y mucho más, lo fundió en una moneda y la invirtió en nuestro amor. Ella es la dama, la flor especial, la mujer aprobada por Dios, mi gran bendición y compañera de viajes.

Espíritu Santo de Dios y Lymarie Nieves Plaza, a ustedes dedico mi libro.

TABLA DE CONTENIDO

Parte 4. Resistiendo la reintegración

PRÓLOGO:

*L*os adjetivos para describir la experiencia de cumplir sentencia en la cárcel son rudos, son difíciles, son dolorosos. Encontrar alternativas para la libertad espiritual, psicológica y emocional desde la prisión es un verdadero reto. Lograr desarrollar autocontrol y esperanza en un ambiente que promueve justo lo contrario es un acto de valentía porque es ir nadando contra la corriente, es ir rompiendo eslabones en cadenas, es ir alterando ciclos, ir desaprendiendo para aprender de nuevo e ir desafiando pronósticos que apuestan a que nadie sale siendo mejor persona de lo que entró a una cárcel.

Rescatado para rescatar es una historia que te llevará desde la falta de fe hasta la esperanza, desde la oscuridad hasta la luz más brillante que puede alumbrar tu alma, tus fuerzas y tu enfoque. *Rescatado para rescatar* te comparte en sus líneas cómo se puede ser libre aún estando tras las rejas. *Rescatado para rescatar* te confiesa en su escrito sus procesos y cómo logró atravesar cada uno de ellos transformándose en una mejor versión de sí mismo aún estando confinado en una celda.

Rescatado para rescatar demuestra lo que -2 Corintios 5:17- expresa: "De modo que si alguno está en Cristo, nueva criatura es; las cosas viejas pasaron; he aquí todas son hechas nuevas". Este libro es un testimonio de vida para demostrar que no hay nada imposible cuando se tiene voluntad y determinación.

Julimar Sáez-Colón
Doctora en Psicología Clínica

Editora libro: *Amando a través de las rejas*"

Coautora libro: *Cuentos para la libertad*"

Autora: *La Cárcel, los tiempos de crisis y el amor:*
Guía de recomendaciones psicológicas y emocionales
para enfrentar pandemias como el coronavirus
y los desastres naturales cuando hay confinamiento"

INTRODUCCIÓN DEL LIBRO

*R*escatado para rescatar es un libro que fui construyendo con vivencias en el mundo de la delincuencia y mi tiempo en la cárcel, desde la juventud hasta mi presente. Una vez fuera de la prisión, Dios me fue brindando las herramientas para armar el "rompecabezas" de mi vida.

Es interesante que, a lo largo de los años, no encontraba un título y, de repente, fui invitado a predicar a la iglesia del pastor Carmelo Ortega, en Manatí. Ese hombre fue usado por Dios. Vio cómo los demonios querían arroparme con sus tinieblas y cómo Dios me sacaba de lo más oscuro. Y me dijo: "Hijo, has sido rescatado para rescatar", Así se llamará el libro que vas a escribir... y él no sabía nada sobre lo que yo estaba escribiendo.

Al salir del culto, mi esposa me dijo muy entusiasmada: "¡Ahí está el título de tu libro! Dios te lo reveló a través del pastor, para que no olvides el peso que llevas".

¡YO FUI RESCATADO PARA RESCATAR!

Parte 1. La tormenta y la calma

TODA HISTORIA TIENE UN COMIENZO

29 de mayo de 2014

ESTE DÍA fue el comienzo de algo maravilloso. Tenía 24 años de edad. Para mí es muy significativa esta fecha. Y para que entiendas el significado de mi RENACER, necesito contarte lo que viví. No se corre sin gatear primero. Aquí te comparto mi proceso.

¡Estaba en la cárcel! cumpliendo una sentencia de doce años: diez años por ley de armas y dos años más, que se añadieron luego por motivo de una situación administrativa. Para aquellos años, mi rebeldía era tal que estaba descontrolado; era un verdadero caos. Fue así, como en un motín, agredimos a dos oficiales de Corrección (como venganza por unos abusos que se habían cometido contra unos hermanos confinados, a los que habían agredido excesivamente). Ya conoces ese viejo refrán: "Ojo por ojo, diente por diente", esa mentalidad llena de odio, rencores y maldad con la que somos influenciados muchos de los jóvenes de la calle, donde lo bueno es malo y lo malo es bueno.

La historia que me llevó a prisión inicia en mi hogar. Yo venía de una familia disfuncional: madre soltera, caserío, tiroteos, puntos de droga, deserción escolar... En fin, todos aquellos factores que, aunque quizás no determinan, sí proporcionan los ingredientes necesarios para desarrollar a un potencial criminal. Ahí estaba esa semilla en mí: creciendo, echando raíces en mi mente y en mi corazón. Echando raíces de una manera terrible en mi formación.

Recuerdo que ya desde pequeño llevaba una lucha dentro de mí. En Cataño, donde me crié en el Coquí 1, había una señora que le decían "Abuelita". Ella vendía dulces y yo era amable con ella, pero, a veces, también le ponía petardos en el balcón. Ella reaccionaba hablando malo, lo que me hacía reír mucho. Para aquel entonces, tendría apenas unos ocho años de edad.

Entre las muchas anécdotas de "travesuras" infantiles, también está haberle prendido fuego a un árbol frente al apartamento de mi abuela. Y cuando iba a pelear, tenía que beber leche con chocolate, porque eso me hacía fuerte, según lo que había escuchado. Recuerdo que un día, un muchacho gordito me aplastó, y lo primero que hice fue buscar un cuchillo para cortarlo. Esto provocó que me ganara el apodo de Choki en el caserío.

Otro día ocurrió algo que podría parecer gracioso (pero no lo fue). Peleé con una prima que era mucho más grande y fuerte que yo. Al darme cuenta de que no podía con ella, corrí a casa para buscar el primer cuchillo que encontrara. Entonces, lo tomé y la perseguí hasta su casa, porque había aprendido que, si alguien en la escuela era más grande que yo, y me daba o molestaba, debía buscar un palo o un cuchillo para defenderme. La regla del barrio era "no dejarme de nadie". Al final, una tía vio que el cuchillo era para untar mantequilla, así que todo quedó como un chiste. Y la

3

realidad es que quería mucho a mi prima, pero ya estaba dando señales de que algo no andaba bien en mí.

Estudié en el Colegio San Vicente Ferrer, pero ya en segundo grado me habían botado por ser un niño violento y estar tirando piedras para las casas que quedaban tras la verja del colegio. Al pensar en mi infancia, el recuerdo que tengo es ser un buen niño. Sin embargo, lastimaba los animales y eso eran indicios de que necesitaba ayuda sicológica para trabajar con esos impulsos de violencia.

"UN PAÍS, UNA CIVILIZACIÓN PUEDE SER JUZGADA POR LA FORMA EN QUE TRATA A SUS ANIMALES"
-Mahatma Gandhi-

Siempre hubo una lucha dentro de mí, en la que siempre vencía el mal. Mi madre dice que yo ponía el televisor en el canal de la iglesia y el canal de las apuestas de caballo, y los veía al mismo tiempo; veía uno y el otro. Sí, definitivamente crecía dentro de mí la semilla del mal. Luego recuerdo que me diagnosticaron hiperactividad, bipolaridad, agresividad impulsiva y, junto con eso, déficit de atención.

Así que lo que yo vivía era algo normal para mí. En aquel momento, estar preso era una gran oportunidad de tener "universidad", lo que me llevaría a ser un criminal exitoso. Con estas creencias, desarrollaba una filosofía errónea. Se me había inculcado valores y principios diferentes, pero los fui distorsionando. Mi madre, ella siempre me enseñó lo bueno, pero la calle pudo más.

De joven estaba convencido de que la sociedad y la policía eran malos, corruptos e injustos. Eso justificaba que yo fuera rebelde e hiciera lo incorrecto. Así lo creía porque, hasta mis 17 o 18 años de edad, ese era el ejemplo que había recibido. Así que consideraba que nadie tenía moral para decirme: "No hagas esto o no hagas lo otro". Sin embargo, al final entendí que el dicho de mi madre, mi abuela y mis familiares, quienes me aconsejaban, era muy cierto: "La calle solo tiene dos caminos: la cárcel o la muerte". A mí me tocó la cárcel.

4

LA MALA INFLUENCIA DEL REGUETÓN

*H*ay un punto muy importante que me gustaría compartir contigo. Uno de los lazos que el mundo de la calle pone en nuestras mentes es a través de la MALA INFLUENCIA DE LA MÚSICA DEL REGUETÓN, específicamente la del "MALEANTEO".

En mis primeros años de confinamiento, escribí casi quinientas canciones, en su mayoría sobre lo que vivía en la calle y sobre un mundo de fantasía que aspiraba llevar a cabo cuando saliera nuevamente. Anhelaba tener otra vez una pistola plástica calibre 40 (la más famosa) o un rifle AKA 47 dentro de un compartimento secreto de la guagua. Yo depositaba en mis canciones, lo que era —"en esencia" y aparentemente— la fórmula exitosa de cómo ser un gánster sin salir con un rasguño y ni siquiera ser capturado por la Policía.

La melodía, el ritmo adictivo, pero, sobre todo, el ingenio de la composición, incitando a la VIOLENCIA, a la REBELDÍA y a lo PROHIBIDO, preparan la plataforma perfecta desde donde poder vender esta "GRAN MENTIRA". Obviamente, el blanco es el público más vulnerable: LOS JÓVENES. Ellos están experimentando descubrir su identidad como personas y son atrapados por este CÁNCER DE LA CONDUCTA a través de la seducción de los ritmos.

Al igual que yo, la juventud (sin buena dirección) se deja llevar por esa corriente. Esa que constantemente te incita a sentir el "poder" de tener un arma de fuego en las manos y desea convencerte de que la gente te va a respetar. Los jóvenes quieren vivir la experiencia porque desean imitar a estos cantantes con prendas, con su imagen de respeto, dinero, motoras y fama, palabras clave dentro de esta estafa del mundo del maleante, que vive SIN CONSECUENCIAS.

En mi juventud, y por ignorancia, ponía cada mañana canciones de un reguetonero que les tiraba a los guardias y al

Gobierno. Todo ello me llevó a mi primer caso: obstrucción a la justicia y agresión a un policía en el pueblo de Utuado. Por este delito, me sentenciaron a 1 año y 9 meses de cárcel. Luego tuve una sentencia de 12 años por tentativa de asesinato contra un funcionario del sistema judicial: lo amenacé de muerte.

Ya dentro de la cárcel, era para mí un orgullo ser parte de los motines en contra de la guardia, hasta que me dieron los últimos dos años de sentencia por agresión a un oficial de Corrección. Esto, en aquellos días, era para mí una historia que resaltaba mi RESUMÉ DE BANDIDAJE. Tanto así que mi lema era: *¡Mi guerra es contra la guardia!* Estaba convencido de que yo era de los buenos; y la policía, de los malos.

Puedo entender que cada persona no necesariamente va a terminar siendo un delincuente por escuchar el género, pero a mí me fue de mala influencia.

A LOS 18 AÑOS CAÍ EN LA CÁRCEL...

*C*omencé a desarrollar una gran habilidad para hacer mucho con lo poco. Se despertó aún más en mí LA MALICIA, no la que se distingue de lo bueno, sino la de hacer lo malo bien hecho. Según mi modo de pensar para aquel tiempo, había entrado en la escuelita del crimen. Y entre las muchas "herramientas" adquiridas, aprendí algo muy útil. Se dice que el más fuerte es el que sobrevive en la cárcel. Yo aprendí que la mente domina el cuerpo que, si yo tenía la mente, y otro tenía, LOS MÚSCULOS... entonces ¡YO era el más fuerte!

La influencia me posicionó en un nivel muy alto y llegué a ser respetado. No digo que fuera el más respetado, pero sí me di a respetar. El RESPETO era sinónimo de autoridad —para bien o para mal— dentro del pequeño círculo de personas que me rodeaba. Claro, en ese entonces, era mi centro del universo. Porque, como dije en mi primer libro (*Escuchen mi voz clamando desde la prisión*): "Solo vemos lo que conocemos... Cuanto más conocemos, vemos con mayor claridad las cosas de la vida".

El propósito de estas letras no es dejar claro lo malo o vil que fui, sino lograr que tengas una idea de todo lo que me dominaba, ¡quién era yo! El objetivo no es que pienses que fui como Pablo Escobar y el cartel de Colombia, porque NO fue así. Mi deseo es que quien lea pueda identificar algunas de las señales de esa semilla de la cizaña de la calle. Esa que se iba desarrollando y arraigando en mi vida, en mis creencias y en todo mi ser, como lo va haciendo hoy en los jóvenes que carecen de una formación o una identidad. Y te lo cuento porque es algo que podría estar ocurriendo hoy día en tu hogar, tu familia o en tu comunidad. Mi deseo es mostrarte mi experiencia para que puedas ayudar con eficacia a alguien que lo necesite o referirlo a algún profesional.

DEPRESIÓN

*E*stando ya en prisión, el ocio y la depresión me llevaron a buscar muchas salidas. Sí, yo tenía que enfrentar mi realidad y terminar mi sentencia para irme a casa, pero por dentro buscaba "fugarme". Quería una salida para el sufrimiento: que mi cuerpo cumpliera con el tiempo dictaminado, pero que mi mente se detuviera. Anhelé muchas veces morir o, por lo menos, estar en "coma". Intenté meditar, limpiar la celda, dibujar, escuchar música, hacer ejercicio, deporte, juegos de mesa, ver televisión, etc. Pero nada me dio resultado, solo me dio más estrés. También estudié y trabajé. Por momentos me despejaba, pero siempre llegaba a mi realidad: un vacío que me desesperaba. Tanta fue la desesperación que me automutilé. Tomé una navaja y con mi mano derecha corté mi brazo izquierdo. ¡Sí, igual que con la confianza en la cárcel! Pedazo a pedazo fui rebanando mi carne. No me amedrentó ver la sangre correr ni los pedazos de carne caer. Vi cómo me desangraba y eso me distrajo algunos minutos, pero desperté a la realidad nuevamente.

Me cogieron 30 puntos por fuera y 25 por dentro. En el hospital de la cárcel, los calmantes me ayudaron un poco en agilizar los días. Despertaba en la cena y volvía a dormir solo anhelando que los días pasaran. Ese fue uno de muchos otros intentos...

El siquiatra me medicó, el sicólogo me aconsejó, el sistema me procesó, pero nada ni nadie me quitó el sufrimiento. Estoy convencido de que el proceso de confinamiento me hizo un mal mucho peor que el delito que yo había cometido. Y ahí estaba yo, intentando sobrevivir a los estragos de la tormenta de mi ignorancia, a un nivel tan profundo que me condujo a buscar un escape. Alcanzaba la calma fumando habichuelas tiernas y tela de araña. ¿Puedes creerlo? Mitos de preso, a ver si encontraba alguna salida, pero fracasaba en cada intento porque...

"LOS VICIOS SOLO SON UNA ILUSIÓN PARA LA MENTE, PERO EL PRECIO ES TAN ALTO COMO LA DESTRUCCIÓN DE TU PROPIO CUERPO".

Alan Vicéns Lugo

UN CARÁCTER FORMADO

*S*eis años estuve en prisión chocando con las paredes: desde los 18 hasta los 24 años. Todo ese tiempo anduve buscando qué hacer para resolver mi problema de aflicción dentro de una celda a la que, por más detergente que le echara, no se le iba el olor de acero viejo.

Durante aquellos días, mientras fracasaba por una parte, por otra casi obtenía una MAESTRÍA EN DELINCUENCIA. Te imaginarás un poco el daño que eso podría causar en mi salud mental. En aquel momento, mis pensamientos más íntimos eran de pura maldad, construidos sobre la aflicción y la desesperación. Ya no era solo rebeldía, sino que mi personalidad, mi carácter, se habían formado y sellado en lo más profundo de mi creencia. Estaba convencido de que había nacido para ser un criminal y que eso era lo mejor que yo sabía hacer: ¡SER DE LA CALLE! ¡UN BANDIDO!

29 DE MAYO DE 2014

Un día, conversando con un familiar, me contaba sobre el estado de salud de su madre. Relataba que estaba postrada en cama y el dolor que sentía cada vez que se quejaba cuando tenía que cambiarle el pañal y bañarla como a un bebé. Recuerdo que le dije: "Es tu madre, demuéstrale que, lo que salió de su vientre con este proceso la enseñará a amar" Recuerdo haberle dicho que jamás yo había declarado palabras como esas, que de seguro Dios usaba mi boca para que le hablara y ella le diera ejemplo a su madre sobre cómo amar. (yo nunca hablaba de amor, ni mucho menos habían en mi consejos positivos) Entonces, ella me respondió que recordaba que, cuando yo era un niño, decía que quería predicar la palabra de Dios como Yiye Ávila (para ese entonces yo ni sabía quién era ese varón de Dios).

¡Fue ese día! Hice silencio y terminé la conversación y, en el secreto de la noche, lloré. Recuerdo haber llorado como nunca antes, con un sentimiento como si lo soltara todo en cada lágrima. Moisés, un compañero cristiano de la cárcel (hoy día mi mejor amigo), habló conmigo y se sorprendió de lo que yo le contaba. Así que me comentó: "¿Recuerdas que te invité para la iglesia y me dijiste que era imposible que tú fueras? Yo te dije que IMPOSIBLES son las cosas que le gustan a Dios. ¡Alan, Dios te está llamando! Si tú quieres recibirlo, declara estas palabras: "Señor, hay una línea que nos separa. ¡Haz lo que tú quieras de mí!". ¡Y así lo hice!

No podía parar de llorar y me fui a dormir. Entonces, le hablé: "Señor, si tú eres real y me lo demuestras, yo te serviré por el resto de mi vida. Pero me tienes que dar una señal. Si tú me quitas todos los vicios, yo sabré que eres real, pues nunca he podido dejar ni el de cigarrillo". Estuve tres días llorando con el mismo sentimiento. Los muchachos me preguntaban qué me pasaba y mi respuesta era que Dios se tenía que sentir muy avergonzado, igual que mi madre, ¡por todas las cosas malas que había hecho! Y realmente me tenía que ir porque no podía parar de llorar.

¿Sabes lo que sucedió? Pues mis ataduras sencillamente terminaron. Se me fueron las ganas... Resistí los dolores "de romper", pues era una fortaleza diferente a las otras muchas veces que había intentado romper. En la cárcel es necesario trabajar directa y eficazmente con la salud BIOPSICOSOCIAL Y ESPIRITUAL. También entiendo que el proceso es uno "personal y voluntario", es importante razonar y sanar la raíz del problema. Sin la dirección de Dios es una MISIÓN IMPOSIBLE.

Porque el dicho de una persona con este trastorno (y yo lo dije muchas veces) es que "un día arrebatau es un día menos". Y esto ocurre cuando alcanzas el punto máximo de adicción en el que se pierde toda vergüenza, todo orgullo; cuando buscas vender hasta lo que ya no tienes para que te resuelvan con un poquito de ese veneno que te quitará esos dolores del vicio y la enfermedad. Días tan dolorosos que llega el momento en que prefieres seguir adelante con tu vicio aunque sea para poder dormir y cargar esa cruz, que romper con él. La realidad es que "mete miedo" pasar por el proceso. A veces juzgamos a los drogodependientes de la luz, pero antes de hacerlo, habría que ponerse en sus zapatos y conocer su historia.

Esta última vez que lo intenté con Dios... ¡Él me liberó! Por eso yo les digo a las personas que un amigo no es el que te ve enfermo y te ayuda a que te cures. Quizás piensa que te hace bien porque te quita un dolor momentáneo, pero no sabe que te alarga la sentencia de la maldición.

Podrás imaginar mi gratitud hacia Dios. Así es Él: usa lo que pensamos que puede ser negativo para glorificase en nuestras vidas. Fue EL ÚNICO que me pudo arrancar de esos vicios dándome la fortaleza. Por eso afirmo: ¡Amigo es Cristo! Versículo de refuerzo en medio del proceso: "TODO LO PUEDO EN CRISTO QUE ME FORTALECE". Filipenses 4, 13

RENDIDO A CRISTO PÚBLICAMENTE

*L*uego de algunos días, exactamente el 5 de junio, fecha de mi nacimiento, fui a un servicio cristiano de la cárcel. Allí, públicamente le dije a Dios: "Un día como hoy me regalaste la vida, pues un día como hoy yo te la regalo de vuelta".

Algo maravilloso comenzó a suceder desde el 29 de mayo de 2014, noche cuando acepté trabajar no con mis fuerzas, sino con las de Él. De ahí en adelante, era como si no reconociera mis pensamientos. Ya no eran negativos. Hasta decidí no pelear más con nadie. Pero el 5 de junio, ese día, frente a todos, cerré mi pacto formalmente con el Señor.

Luego de este pacto de paz, recuerdo que una noche escuchaba la radio y estaban orando por personas de otros países. Y yo, aun estando en mi situación, comencé a orar por sus situaciones desde lo profundo de mi corazón. En este momento, vi lo que escuchaba, vi lo que hacía y vi que no lo hacía para que nadie me viera. Entonces, tomé conciencia de lo que había pasado en mí: yo era otra persona, una nueva. Y lloré mucho porque vi que realmente Dios me había cambiado.

Algo me había pasado ese día 29 de mayo de 2014. ¿Cómo? No lo sé, no lo comprendo en su plenitud, pero ese día yo nací de nuevo. Y esto sucedió literalmente, y no físicamente, sino por dentro. Fui libre de aquel sufrimiento que les contaba en el comienzo. Algo se rompió en mí como si se hubieran abierto los portones de la cárcel. Sentí por dentro como si me hubieran soltado a la libertad, y, sencillamente, volví a sentir el gozo, la alegría, y todas las emociones buenas al mismo tiempo. Recuerdo que despertaba en las mañanas y, antes de abrir los ojos, ya sentía una gran felicidad. Y venía a mi mente esa noticia una y otra vez: no podía creer que ¡Dios SÍ es real!

Me fascinaba la idea y eso causaba que yo solo sonriera. No podía ni poner cara de malo. Era tan poderoso lo que sentía por dentro que dominaba lo que reflejaba por fuera. Las personas afirmaban: "Alan, te ves diferente". Otros me decían que me

11

brillaba la cara, que me veía resplandeciente.

Recuerdo algo muy especial. Moisés Rivera, Jr. y yo, nos convertimos en mejores amigos. Sí, ese que me recibió en el Señor. Juntos comenzamos a orar en el patio de la cárcel. Yo cerraba los ojos y no sentía ni que estaba preso. Me sentía libre. Sentía que con mi oración viajaba hasta donde estuvieran esos por quienes oraba. ¡Era algo maravilloso! A veces, pasaba el tiempo y, cuando abría los ojos, habíamos pasado horas orando. ¡Encontré el escape! Y el suicidio no fue la solución. Me ayudaron a escapar: ¡Dios me rescató!

Fue en esos días que se despertó en mí un hambre de oración. La lectura de la palabra de Dios y los ayunos eran algo que no podía saciar, sobre todo de la lectura de la Biblia. El primer libro que leí fue la carta del apóstol Pablo a los Romanos. En ella, Pablo explica sobre una ley que sentía en su cuerpo y otra que había en su mente. Una lucha entre el bien y el mal dentro de él. Me identifiqué totalmente con la escritura, como si hace miles de años hubieran escrito eso para mí. Yo experimentaba todo esto en medio de ese proceso. Y todo era tan claro. Era el testamento de una herencia, unos bienes de conocimiento, y estaban ahí para mi beneficio.

Para mí era como si yo hubiera estado enfermo y en las Escrituras hubiera encontrado la medicina para esa enfermedad. Hallé una dirección y simplemente la seguí. No solo encontré esa alegría, ese gozo y esa paz que me invadían, sino también el porqué. Todo eso proviene de LA SALVACIÓN. Yo experimentaba el gozo de la salvación de Jesucristo y su sacrificio por nuestros pecados. A un hombre como yo, que maldecía a Dios cada día, sencillamente sus pecados le fueron PERDONADOS. Por eso comencé de nuevo. Fue como comenzar DESDE CERO, LITERALMENTE: Dios me salvó.

Esa noche del 29 de mayo de 2014, yo fui lleno del Espíritu Santo. Todas las cadenas que me ataban fueron rotas. Me las quitaron porque el Cristo de la gloria pagó por mí, y la fe en su nombre me hizo recibir esas promesas bíblicas de Dios. Mi pecado fue lavado y fui restituido a la presencia de Dios. Por eso he sentido, desde ese instante, los beneficios de estar en su presencia, porque Él es AMOR. Fue lo que sentí, y es lo que siento y sentiré. Él me rescató y me dio su salvación. Aún AHORA siento su amor que arde en mí, porque me he guardado de no perder la salvación.

Al comienzo de este libro, señalé que solo vemos lo que conocemos y que la calle para mí era el centro del universo. Un día vi un escritorio y me fijé en la esquina del "tope". Así entendí que lo que yo veía como algo grande era totalmente pequeño. Al igual que esa esquina, así era mi universo. Comprendí que lo que Dios había hecho conmigo era mucho más grande que lo que apenas sentía. Dios abrió la puerta para que yo conociera el resto del escritorio y saliera de mi pequeña mentalidad ignorante hacia la verdadera vida. Ahora experimentaba una vida agradable a Dios, apartado de la maldad. Sano y salvo en su presencia y gozando de sus beneficios, ¡YO ERA LIBRE AUN ESTANDO ENCARCELADO!

Recuerdo que el cambio que Dios hizo en mí fue tan radical que los guardias no lo creían. Antes de convertirme a Cristo, un sargento entró un día para hacer una ronda y yo lo acompañé con un palo de escobas amedrentándolo todo el camino, y él era bien valiente. Ya convertido al Señor, él regresó de vacaciones y le tocó hacer el recuento de los confinados (el conteo). Entonces, lo miré a los ojos y le dije: "¡Dios te bendiga!". El sargento abrió los ojos muy sorprendido y respondió: "Amén, y que Dios lo permita", insinuando que ojalá Dios lo hiciera conmigo, con un tono que reflejaba que hasta lo deseó de corazón.

COOPERATIVISMO

Luego, el tiempo dejaba ver que los frutos en mí eran reales e ingresé en un programa de cooperativismo. De hecho, era la primera cooperativa del mundo administrada por confinados a través de una junta directiva. Puerto Rico se había convertido en

13

el lugar donde primero se enmendó la ley para hacerlo posible. La cooperativa se llamaba Cooperativa de Servicios ARIGOS, nombre creado por los confinados en honor a los indios Arcaicos, Igneris y Ostiones. Dentro de la cooperativa tuve la bendición de ser parte de la junta como secretario. Esto me permitió salir mucho más a menudo del dormitorio para la oficina de nuestra cooperativa en el área socio penal. En el área de Sociales, me relacioné con sicólogos(as), maestros(as), profesionales del cooperativismo, empresarios(as), enfermeras(os) y con personalidades prominentes de la sociedad, como legisladores y presidentes de otras cooperativas. Además, tuve la oportunidad de salir a la libre comunidad varias veces para actividades de cooperativismo, donde vendíamos los productos de nuestra cooperativa, piezas artesanales, en general.

Durante este tiempo, tomé la terapias del NEA, que fueron muy útiles para adquirir nuevas herramientas. Además, tomé un curso de DESARROLLO EMPRESARIAL con la excelente profesora Milcia López, un recurso excepcional. Una profesora que no tenía temor de trabajar con la población correccional. Por el contrario, inculcaba en nosotros el hambre de crecer y ser mejores ciudadanos. Me tomaría varias líneas honrarla por su excelente labor humanitaria y su profesionalismo con el trato de esta población. Pero deseo aprovechar la oportunidad para agradecer a la Prof. López su vocación. Hace falta más colaboradores como ella para ayudar a los DESCARRILADOS a descubrir sus potenciales y desarrollarlos para el bien de la sociedad. ¡Que Dios la bendiga donde quiera que esté!

También puedo decir que los oficiales, algunos, comenzaron a tratarme diferente. Acostumbrado a la opresión de su parte, esta nueva conducta en mí provocaba en ellos un cambio de actitud hacia mi persona, una actitud de respeto. Por otro lado, a donde yo llegaba la atmósfera cambiaba y hasta servía de mediador para mantener la paz entre oficiales y algunos confinados que no sabían expresarse.

Antes, te hablé de cierto tipo de respeto, que se asemeja a la autoridad dentro de la subcultura de la cárcel. El ser líder negativo es algo que te posiciona entre los confinados de tu mismo grupo, y controlas la atmósfera con tus decisiones, para bien o para mal. Pero esto solo tiene un impacto DENTRO DEL GRUPO, porque ya, de los portones o de las paredes hacia afuera u otra cárcel, se desvanece tu autoridad. Muy distinto es, sin embargo, ser un LÍDER POSITIVO, pues ese respeto y esa autoridad nadie te los puede quitar, ni serpentinas ni murallas ni portones, porque es algo que se porta en la ESENCIA y trasciende a otro nivel. Aún no lo comprendía con exactitud, pero me cautivaba mucho más.

Porque matar... hasta involuntariamente se puede matar a alguien, pero dar vida, solo Dios. Él nos da el poder para darla en plenitud a través de la Paz y el Amor. Yo comencé a cultivar esa vida en mí y a mi alrededor dentro de la tierra árida de la cárcel con amor y paz. Y esa NUEVA VIDA que había en mí comenzó a desear más el bien que el mal. Sentía que tenía una nueva naturaleza que se inclinaba a lo positivo y a rodearme de profesionales. Cada vez que salía del dormitorio quería ser igual que esas personas a quienes admiraba, y me propuse nuevas metas.

Descubrí mis potenciales y los desarrollé. Aún dentro de la cárcel llegué a ser el quinto presidente de la Cooperativa de Servicios ARIGOS. Además, administraba un hidropónico, y muchas veces tuve que trabajarlo personalmente, por falta de personas responsables en quien delegar tareas. Aun así, comenzamos a suplirles cilantrillo y lechuga romana a los supermercados Plaza, de Guayama. También les vendíamos los quijotes y los tríos de Reyes Magos en barro, que eran la especialidad del taller de artesanías, y las mesas de madera talladas.

Además, organizamos un vivero. (Sí, porque también cogía el pico y el azadón. No era solo estar en la oficina con aire acondicionado). Y con todo el esfuerzo, ganaba el respaldo de mis empleados. En el vivero sembrábamos y cosechábamos pimientos cubanel, pimientos morrones, tomate, recao, calabaza, berenjenas. Estos productos luego los vendíamos al personal de la institución penal. Los ingresos nos permitieron contribuir con las reparaciones de los televisores del módulo, las fuentes de agua del dormitorio, los microondas, las máquinas de barbería (también fui barbero), podadoras para los alrededores del edificio (también trabajé en la brigada y aprendí soldadura), pinturas, comidas especiales para los empleados del vivero y actividades para los familiares, como Open House, etc.

Debo confesar que, ciertamente, aprendí a trabajar dentro de la cárcel. Cada día me alejaba más y más de ese hombre que había sido. Rechazaba lo negativo y me aborrecían la maldad y la injusticia. Cada vez me esforzaba más por lo correcto y por alejarme de las malas amistades. Aprendí que no puedo dejar que las amistades me escojan a mí, sino que yo debo escoger a mis amistades, pues llegué a quedarme solo.

Ser cristiano en la cárcel es para muchos una debilidad, porque el cristiano no pelea. Y como todo depende del beneficio que se obtiene del otro, y ya yo no defendía a nadie, ya no formaba motines, ya no le daba a la gente con el exprimidor del mapo, ni figaba a los presos, pues ya no era el LEÓN DE LA SELVA. Había aprendido a pelear de otra manera, en oración, buscando la sabiduría de Dios en toda verdad y toda justicia. Podía contar con una mano los que eran luz en medio de las tinieblas. Ya entenderán por qué Moisés y yo nos hicimos grandes amigos.

Viendo que Dios es real y que su palabra se cumple y que hay promesas para mí, yo comencé cada vez más a querer poner en práctica la palabra de Dios. Deseaba alcanzar todo lo que pudiera en ÉL. Así, Dios hizo de mí un ejemplo de superación dentro de la cárcel. Todos daban testimonio de lo que Dios había hecho en mí. Las trabajadoras sociales me utilizaban como ejemplo, los maestros(as), los sicólogos(as) y hasta los mismos oficiales. Recuerdo que el oficial De Jesús, paraba a los muchachitos nuevos guapitos y les decía: "¿Tú ves ese que va por ahí? Ese era bien guapo y mira como Dios lo cambió, que ni se parece. ¡Aprendan de él!" Y venían a mí y me decían que el guardia les había hablado de mí. ¡Gloria a Dios!

Hasta los mismos confinados me defendían de aquellos

que llegaban nuevos. Les decían: "No te metas con Alan. Tú no sabes lo que hay ahí". Yo, a veces, los veía y me reía por dentro y decía: "Se nota que no saben lo que Dios hizo en mí". Ya yo no era el mismo y nunca le haría daño a nadie, pero todos hablaban de lo que Dios había hecho en mi vida. Dios me capacitó en su palabra. Predicaba en la iglesia de la cárcel, VIDA VICTORIOSA EN CRISTO y los confinados pedían que yo orara por ellos y por sus familiares. Hasta los oficiales y los civiles que trabajaban en el área de dental me pedían oración. El Señor me había puesto en gracia con todos, como a José, el que interpretó los sueños del Faraón sobre las siete vacas flacas y siete vacas gordas cuando estuvo preso. Así me sentía; todo lo que me proponía prosperaba. (Génesis 41: 1-36)

A raíz de todas estas experiencias en la cárcel y de mi conversión a Dios, nacieron en mí varias afirmaciones que he convertido en consejos, que algunos dicen, pero pocos han vivido: "Si quieres cambiar tu vida cuando salgas para la calle, comienza desde adentro, aquí y ahora" y "Desecha lo negativo, absorbe lo positivo, porque esa es la fórmula del éxito". No había puertas cerradas. Yo no estaba preso. Yo era luz en medio de las tinieblas, me gustaba serlo y me preocupaba mucho qué sería de cada uno de ellos cuando yo no estuviera. Ese amor por las almas y la obra de Dios en mí fueron observados y tomados en cuenta por la Capellanía. Así fue como tuve el maravilloso privilegio de ser el líder (como pastor) de la iglesia Vida Victoriosa en Cristo dentro de la cárcel. (Aunque más bien me siento llamado a ser evangelista).

MI ESPOSA

Estando todavía en la cárcel, guardaba mi corazón para esa mujer que Dios colocaría a mi lado. Dios, con su sabiduría, ya había trazado un plan para ello desde antes de la fundación del mundo. ¡Así lo creo! Mi desempeño como PRESIDENTE de la cooperativa no era para engrandecerme, sino para colocarme en el lugar exacto donde conocería a esa dama que Dios había reservado para mí. Aclaro que jamás pasó por nuestras mentes que llegaríamos a sentir algo el uno por el otro, pero Dios me habló un día. ¡Sí, Dios! Él tiene boca y habla. Pues ha sido el ministerio más difícil que Dios ha puesto en mis manos; también el más delicado, hermoso e importante. ¿Ya dije difícil? Mantuvimos comunicación a través de cartas, algo más que romántico. Puedo decir hoy que ella es la bendición más grande que Dios me ha dado. Ella es esa mujer detrás, al frente, al lado... de un gran hombre. No la merezco y está totalmente fuera de mi liga.

Ella ha sido ese instrumento poderoso de Dios para amarme sin prejuicios, con mis virtudes y defectos. Tengo tantas palabras para hablar de ella que saltan de mi corazón emociones como para escribir mil poemas. En mi cabeza retumban los pensamientos de gratitud hacia Dios por permitirme despertar cada mañana junto a ella. Sentimientos que me abrazan, más una llama de calor que se enciende en el corazón. Cuando estamos lejos, la extraño, y si estoy con ella, no me importa despedir los días, los meses, ni los años; porque el tiempo nunca me es suficiente para describirla. Necesito que Dios detenga el cronos y me permita fluir en su kairos. Ella es la que el Señor utiliza para levantarme cuando me desanimo por alguna situación.

¡Sí, la amo mucho! Soy primero de Dios y luego de ella. Ella es mi flor especial y yo soy su Principito. En cada carta, ella escribía al final: "Un día menos, un día más cerca". Frase que le dio paso a su primer libro. ¡Léanla y conozcan un poco más de las relaciones a distancia!

Por eso dejaré nuestra historia hasta aquí, porque deseo que lean su libro, inspirado en un amor que se cimentó en la fe y en la espera del tiempo correcto de Dios. En este libro tendrán la oportunidad de conocer la historia desde su vivencia y la mía, relatada por ambos. Nuestra historia es una difícil de creer para aquellos que no conocen lo que es la vida espiritual. Pero ambos estuvimos dispuestos en recibir la instrucción del Padre Celestial. Somos un matrimonio con propósito.

LA IGLESIA DENTRO DE LA CÁRCEL

¿Saben?, recuerdo que mi pasión no se detuvo solo con una posición dentro de la iglesia. Sentía que mi llamado era mucho más allá de las paredes de un templo. Había un fuego que me quemaba al salir del culto, un calor para pelear por mis hermanos, sabiendo que ellos necesitaban fortalecerse, porque en la iglesia todo era gozo, pero la batalla y el vacío les volvía cuando llegaban a su realidad si aún no estaban fortalecidos en el Señor.

Recuerdo que durante los días de visita, a los muchachos de mi módulo que no tenían familia les llevaba un dulce y les pedía un abrazo. Les decía que se imaginaran que yo era ese familiar que extrañaban tanto. ¡Tantos corazones heridos, tanta medicina, pero tan pocos doctores y enfermeros! Mis compañeros lloraban, pero también recibían fuerzas, porque un abrazo en la cárcel para aquel que no recibe visitas es como un vaso de agua en medio del calor intenso del desierto. La cárcel es fría y difícil de sobrellevar en soledad.

También recuerdo que mi pasillo se convirtió en una sala de consejería. Me visitaban para desahogarse, para recibir oración, palabras de ánimo y esperanza. ¡Lo extraño! Si me lo preguntan..., sí, anhelo entrar otra vez como recurso y abrazar al necesitado.

Ya cerca el día de mi salida, llegó a pasar por mi mente que los predicadores que nos visitaban solo llegaban a la superficie de la necesidad, hablando de la comunidad en general. Pero yo estaba exactamente en el centro de todo, alumbrando. Ya luego de casi ocho años esperando por mi salida, este pensamiento pasó por mi mente: me quedaría un poco más, pues hacía falta allí. Porque, cuando me fuera, no regresaría. Solo vería la superficie. Sí, estaba tan desprendido de todo mi egoísmo, era tan libre en la cárcel y estaba tan bien con todos que me dolía saber que yo me iría y ellos se quedarían atrás.

19

Parte 2: Despertar espiritual

DIOS EN LA NATURALEZA

$\mathcal{Q}$uiero dejar claro que esta historia también requiere de un poco de fe. No solamente es creer lo que Dios puede hacer en el mundo físico, sino también lo que puede obrar en el mundo espiritual. Detrás de mi superación hay mucho más. No solamente era que estuviera tan lleno de amor que no me podía resistir a hacer el bien, sino que, igual como pasé de ser violento a ser manso, tuvo su explicación un NUEVO NACIMIENTO. Te preguntarás: "¿De dónde le vendría la fortaleza para sostener pensamientos como estos en su mente? ¿Cómo su FE fue avivada?" A continuación, les relato la historia de mi intimidad con Dios y las herramientas que hoy día me mantienen de pie.

Cuando yo comencé a ver lo que Dios había hecho realmente en mi vida, entendí muchas cosas. Entre ellas, comprendí que Él me escucha, y decidí pedirle algo más. Yo no le pedía que me sacara de la cárcel... Fue para mí como un negocio con Dios:

si Él me fortalecía todos los días, yo le hablaría sobre Él a una persona cada día, al menos. Era la señal de que Él mantendría el pacto, y yo cada día estaría en deuda.

Aquel fue el tiempo cuando comencé a orar más. Pero era como hablarle a un amigo, en confianza, pero con respeto, como a un padre. Si el Espíritu Santo es Dios y vive dentro de mí, pues no está lejos como la mayoría piensa, sino cerca... y quise ser su amigo. Comencé a trabajar en mí todo aquello que, según la palabra, no le era agradable. Y no solo por la palabra, sino que hay un trato personal con cada ser humano. Yo comencé a tener una relación más profunda e íntima con Dios, que estaba siendo tan humilde conmigo. Y no quería que se sintiera incómodo morando en mí. Creo que, más que una amistad, comencé a enamorarme de Dios.

Cada día, viendo la naturaleza o el atardecer a través de los barrotes, contemplaba un espectáculo. En el cielo, observaba nubes llenas de colores, tomaba conciencia de cómo luchan las flores para crecer y cómo, estando dentro de la cárcel o afuera de la verja, ellas solo florecen sin importar dónde, solo por gratitud.

Una anécdota muy especial de estos días de recién intimidad con Dios fue la del "mosquito insistente". Estaba un día en la iglesia escuchando el culto. De pronto, un mosquito se paró en mi mano. ¡Gracias a Dios que lo vi antes de que me picara! No quise matarlo, así que lo espanté. Pero el mosquito, aun viendo que ya lo había descubierto, siguió intentando picarme exactamente en la misma mano. De esta manera fui ministrado por el "mosquito insistente", pues me hizo recordar la palabra de Jacob, quien luchó la bendición con el ángel de Jehová e insistió hasta que fue bendecido. Por eso, decidí recompensarlo y dejé que me picara. Me chupó la sangre. Luego, lo espanté. Esta experiencia me marcó de manera especial, porque la entendí como un ejemplo de la manera como nosotros le insistimos a Dios con nuestras razones, y Dios se mueve a misericordia y se deja ganar de nosotros. Y es que nunca se pierde cuando es un amigo quien te gana. Son bendiciones. Como la mujer que le rogó a Jesús, y Jesús le respondió al principio que no, pero ella continuó insistiendo, humillándose a sí misma por su causa. Entonces, haciéndose semejante a los perrillos, mostró su fe y su humildad. Eso tocó de manera especial el corazón de Jesús. (Mateo 15: 21-28)

Otro día, sentado, mirando un árbol sobre el que meditaba la palabra de Dios, observé comida en el piso. Había como tres grillos y ellos rodearon la comida y se alimentaban. Luego, llegó una gran cucaracha mucho más grande que los grillos. Mientras la cucaracha se acercaba, los grillos se alejaban cada vez más. Recuerdo que uno de los grillos decidió volver. Poco a poco, se acercó, hasta que comían los dos, uno al lado de la otra. Pero los otros grillos no se atrevieron, solo ese. De repente, hubo un ruido. Yo permanecí quieto observando. La cucaracha fue a verificar y, de sombra en sombra, se escondía para ver qué había pasado. El grillo se quedó quieto. Hasta que la cucaracha volvió y volvieron a comer juntos.

¡Eso me marcó mucho! Fue otra lección. Me sirvió para ver cómo hay cosas que son más grandes que nosotros, que a primera vista nos pueden amedrentar, pero que por más grandes que sean no quiere decir que estemos derrotados. Ese pequeño grillo fue muy valiente. La cucaracha le llevaba ventaja, pero enfrentó la situación. Y resultó que hasta amigos se hicieron, y la gran cucaracha hasta lo protegió. Así debemos ser nosotros en la vida: VALIENTES.

La historia no terminó ahí. Cuando me iba a ir, sentía una inquietud que me llevó a quedarme porque todavía faltaba algo más. Esperé y, mientras leía, sentí que algo me tocó el pie... Un grillo me había brincado en el dedo y lo sacudí, pero cuando lo iba a aplastar, desistí. Observé que andaba solo y que alguien había dejado rastros de comida del comedor. Allí estaba este otro grillo, quizás el mismo grillo que no se menospreció y venció su gran prueba con la cucaracha. Ahora aparecía ante mis ojos transformado en "el gran grillo valiente".

Luego, llegaron hormigas y también querían comer, pero el grillo, ahora en ventaja de tamaño, se confió de una gran victoria sobre la gran cucaracha. Entonces, estas hormiguitas comenzaron a picar al grillo por las patitas y el grillo comenzó a saltar, pero con poca fuerza. Comenzó a sacudirse y volvía a comer, pero las hormiguitas volvían y le picaban las patitas. Esto se repitió varias veces hasta que las hormigas sacaron al grillo y se quedaron con el botín (y eso, que eran de las bobas). ¡Wow! Eso me ministró de forma poderosa. Ahora estos diminutos insectos me hacían recordar a algunos líderes que van creciendo espiritualmente en el Señor y, cuando superan grandes pruebas, se confían tanto de su victoria que menosprecian a esos pequeños oponentes. Olvidan que esto no se trata de tamaños, sino de VALENTÍA y CONFIANZA en Dios, y su descuido los lleva a la derrota.

¡Hasta las hormigas me hablaban de Dios y sus caminos! Como en otras ocasiones, cuando observando a las hormigas hacer la fila, notaba que siempre algunas rompían fila y se apartaban... y me ministraba: "No importa cuántas veces pierdas el camino, lo importante es que siempre lo retomes".

¡Todo me hablaba de Él! Como una obra de arte cuya belleza te cautiva y puedes comprender claramente lo que sentía el artista o lo que quiso transmitir a través de ella.

Un día, conocí a una gatita que, de vez en cuando, llegaba al edificio y le daban comida. Se llamaba MAGIE. Estaba yo en el portón cuando llegó: "Miau, miau". Entonces, le rasqué la cabeza, pero cuando me iba a ir, ella insistió: "Miau, miau", como si tuviera hambre. Confieso, delante de Dios, que lo único que tenía era un pan con jamón de por la mañana para comérmelo por la noche. Ella siguió insistiendo, así que le dije: "No tengo comida". Pero sentí tanta compasión que le dije: "¡Vengo ahora!". Volví con el jamón y ella se lo tragó de un bocado.

Yo me sentí contento. Tenía hambre y le di de comer. Esperé que ella se acercara para rascarle la orejita y la llamé, pero no me hizo caso. Me sentí tan molesto que me enchismé con la gatita porque me manipuló. Y ahí fue que Dios me ministró. Así como ella vino a mí en su necesidad, así le hacían muchas personas a Él: le rogaban, Él se conmovía y obraba a favor de ellas, y cuando las levantaba, las restauraba y las bendecía... le daban la espalda. ¡Dios se quedaba esperando su amistad! Eso me conmovió y me marcó, porque es muy cierto. Así es la naturaleza. Tanta belleza proyecta los sentimientos y la sabiduría de Dios. Eso comencé a ver en cada detalle. Para mí eran como regalos que me daba. Un día, me dijo: "Las cosas más grandes están en los pequeños detalles". Fue entonces cuando comencé a buscar en el suelo y encontraba flores hermosas en la hierba, en las que jamás me había fijado. Por ejemplo: la belleza de la flor del moriviví (como se le dice en Puerto Rico), el aroma de las flores en la brisa, aunque estén a la distancia, y el danzar de las mariposas. Dentro de la cárcel, Dios me permitió ver esos detalles tan bellos y los mensajes que se ocultaban en cada uno de ellos.

Otra experiencia de la que estoy convencido que fue obra de Dios fue con un perrito pequeño al que le pusieron muchos nombres, pero al final se quedó BRANDOM. ¡Brandom nos trajo tanta felicidad y alegría! Lo bañábamos y le dábamos de comer. Los oficiales lo botaban, pero él siempre encontraba la forma de volver.

A una de las personas que más bendijo la presencia de Brandom fue a Ángel Reyes, un gran amigo pastor, con una sentencia de 99 años. Sin embargo, cumplía un tiempo injustamente.

Recuerdo cómo Ángel le preparaba la comida con tanto amor. Brandom se le trepaba en la cama en las mañanas para despertarlo. ¡Era impresionante el amor que se tenían! Un día, uno de los muchachos que padecía del corazón se desmayó. Fue de noche. Un oficial lo cargó hasta área médica en sus hombros. Y Brandom, creyendo que el oficial le estaba haciendo daño, lo atacó, pero el oficial lo espantó y pudo llevar al muchacho. ¡Sí, Dios es bello y nos muestra su amor con cada detalle que nos rodea: personas, animales o la misma naturaleza!

TRANFORMACIÓN, INTEGRIDAD Y PERDÓN

*D*ios comenzó a derribar murallas de pensamientos en mi mente, con el marrón de su sabiduría, para construir a un hombre nuevo. Puedo decir que destruyó no solo pensamientos, sino CREENCIAS muy arraigadas, como la VANAGLORIA, que se manifiesta cuando buscamos que las personas nos reconozcan por lo que tenemos y no por lo que somos.

Antes de mi encuentro con Dios, yo pensaba que tener unos tenis de $140 o $180 me daba cierto estatus entre las personas que me conocían, entre los presos. Cuando estaba en la cárcel, si cogía $200 (sin importar lo que me hiciera falta), yo le decía a mi familia que me trajera unos tenis de marca reconocida y costosa como cuando estaba en la calle. Si tenía $20 en el bolsillo, significaba un saco de mariguana, los filis para enrolar y cigarrillos. No me pasaba por la mente, en ningún momento, si mi madre tenía necesidades. Pero ahí estaba Dios... transformando en mí esa vanidad de la vida y estableciendo PRIORIDADES. Después de mi encuentro con el Señor, cuando había algún dinero disponible para mis gastos, en lo primero que pensaba era si tenía para comer por la noche.

Así que me decidía siempre por tener ese dinerito en "la comisaría". La comisaría era la tiendita de la cárcel donde, si tenías dinero, podrías comprar algo para comer en la noche o artículos personales, o para comer algo diferente. Porque a veces la comida no era muy agradable (por ejemplo: arroz con "problemas", o con garbanzos de piedra). Sé que debía ser agradecido, hay otros lugares que tienen menos o no tienen nada, como la República Dominicana, pero a veces el paladar es complicado. La realidad es que sí no había otra opción, o te lo comías o te quedabas con hambre. Así que la comisaría era esa salvación, esa felicidad del confinado que, cuando la reparten, es como la inmensa alegría que sientes la mañana de Navidad.

La palabra "felicidad", me habla como de sentimientos

de gozo. ¿Sabías que en la cárcel se pierde la noción de los días de fiesta o de festejar algo tan significativo como: tu CUMPLEAÑOS, el Día de los Padres, San Valentín, Despedida de Año... Como se hace en la libre comunidad? Pues quiero que sepas que esos primeros años son como días de luto. Luego ya pasan a perder importancia porque te programas tanto para no pensar en ellos, que les pierdes todo el sentido.

En fin, que, con el correr del tiempo, ya no pensaba en vanidades, sino en necesidades. Cuando llegaba esa compra a mi pasillo, recuerdo que me gustaban mucho los famosos chocolates con maní del paquete amarillo y sacaba uno e iba repartiendo hasta donde dieran, o si no, unas galletitas del duende. Les decía a mis compañeros: "No es lo mucho, sino que este gesto fortalezca la unidad y el compartir entre nosotros. Pero están en deuda conmigo y me pagarán haciéndolo con otro el día que tengan dinero para comprar."

¡Mi vida fue transformada! Ya los tenis y las chancletas habían pasado a otro plano..., ya no importaba si eran de marca. Lo único que me importaba era que Dios me continuara reeducando, porque, definitivamente, me hacía bien y les hacía bien a los demás.

Es algo tan hermoso la forma como Dios llama a uno, con cuerdas de amor, cuando uno está atento a su voz y desea no querer perder esa corrección. Una de las primeras cosas que comencé a eliminar de mi vida para que Dios tuviera complacencia fueron las palabras malas. Luego vino el pedir PERDÓN a aquellos que en algún momento les hice daño. Ya no quería ser más el problemático que fui. Quería proyectar ese amor que Dios me daba para los demás. También deseaba estar en paz con todos.

Recuerdo a un muchacho que servía la comida en el comedor, que me trató con actitud de jaquetón. Esto ocurrió cuando yo aún no había nacido de nuevo. Le tiré con el vaso de champola de fresa por la ventanilla, porque todo era por medida y, a veces, uno tenía hambre y sentía que la porción era poca. Todavía puedo recordar cómo las gotas le bajaban por la cara. Pasado un

27

tiempo lo vi y le dije: "¿Sabes qué? Me siento mal por lo que te hice aquella vez, PERDÓNAME". Como él sabía que yo estaba buscado de Dios, me respondió: "Muchacho, eso quedó en el pasado, tranquilo. Te ves bien, sigue adelante".

Dios comenzaba a quebrantar mi orgullo y a enseñarme a reconocer cuando había estado mal, cuando había herido, todo ello con el fin de enmendarme y sanar a quienes había dañado. El perdón es una llave poderosa para liberar o para ser liberado. Te diría que, aún más, para abrir las puertas de los Cielos, para abrirle el corazón a Dios.

MI MADRE

Mi madre siempre me aconsejaba bien, pero eso no le era suficiente. Siempre llegaba la correa o una barita de madera, un puño, una bofetada, un tapaboca o un palo cuando se ponía rabiosa. Ella era mi madre, así de "cariñosa". Eso también me quedó grabado en el corazón. Tanto así que yo decía que mi madre no me amaba. Recuerdo que cuando niño, ella me daba huevo hervido casi todos los días, pues no teníamos la mejor situación económica. Así que un día le reclamé: "Tú me quieres matar, tú no me amas". Ella preguntó: "¿Por qué dices eso?" Y yo le contesté que el huevo en exceso daba colesterol y que ella me quería matar de colesterol. Yo solo era un niño, ni siquiera recuerdo dónde escuché algo así. Ahí estaba mi respuesta difícil para ella y para mí.

Ya estando en la cárcel veía cómo me visitaba casi todas las semanas y hacía hasta lo imposible para que yo no lo pasara tan mal. Pero cuando Dios comenzó a trabajarme fue quizás cuando fui capaz de darme cuenta de que, aunque ella no dijera "te amo", sus sacrificios lo gritaban. Dios me lo hizo entender y la perdoné. Le pedí perdón y le hablé de que buscaría de Dios.

Algunos meses después, con la sinceridad que la caracteriza, ella me dijo: "¿Recuerdas aquella vez que me dijiste que buscarías de Dios? Pensé que me estabas cogiendo de estúpida, pero ahora que ha pasado el tiempo, veo que ¡el hijo que yo había perdido ha vuelto!". El amor de ella es tanto que comenzó a ir a la iglesia para apoyarme. Un día, tuve un sueño. Veía que yo tenía su corazón en mis manos y que estaba lleno de muchos diamantes pequeños y que, cuando yo la acariciaba con amor, se le caían los diamantes... Hoy día mi madre dice: "¡TE AMO!"

MI PADRE

*O*tro ejemplo de cómo Dios te ayuda a sanar en el corazón y reinar con paz dentro de tu ser es la historia con mi padre. Mis padres se separaron cuando yo tenía algunos 4 o 5 añitos, aproximadamente. Mi padre se superó económicamente, pero estuvo distante de mi vida como hasta mis 13 años. A esa edad, mi madre ya no podía controlarme y me envió con él a ver si podía hacer algo conmigo.

Viví con él algunos tres años y le cogí mucho cariño. Él me enseñó muchas cosas. Yo decía que él era el hombre más inteligente que conocía. Con él aprendí el oficio de orfebrería y joyería. Conocí sociedad a su lado, buenas casas, buenos carros, buena comida. Salí del caserío, pero ya corría en mí la bacteria de la calle, la cual él no supo controlar.

Tuve problemas en la escuela y, en casa, con mi madrastra, quien se esforzaba realmente por ayudarme y enseñarme, pero mi ignorancia los desenfocó. También llegué a vivir con mi abuelo y con mi hermano varón por parte de padre, pero al final regresé con mi madre.

Cuando estuve en la cárcel, mi padre nunca me visitó. Y cuando le escribí algunas cartas, no contestó. Cuando pasaba necesidad en la cárcel, recordaba que no tenía su apoyo. La ira contra él era muy profunda y difícil de perdonar, pero para Dios no hay nada imposible y comencé a tener sueños en los que lo veía haciendo las paces conmigo.

Hoy día, yo lo perdoné y él me perdonó. Lo busco, y aunque decía que estaba en probatoria con él... El anillo de bodas de mi esposa lo diseñó mi padre y fue su regalo para nosotros. Ahora, con más edad y con el Señor en mi corazón, pude entender que el único herido no soy yo. Él recibió el golpe de tener un hijo ignorante y además... En la cárcel. Amo a mi padre y respeto su forma de digerir mi proceso. No ha sido fácil para él tampoco.

En ocasiones se nos hace fácil juzgar y señalar. Podemos "recostarnos" de este tipo de situación para justificar nuestra conducta incorrecta. Yo elegí romper una maldición generacional. Otorgué y recibí el perdón. Eso me hizo libre de tanta amargura.

Cuando nos colocamos en el lugar del otro e intentamos comprender su conducta, liberamos y sanamos la raíz del problema que nos ata, a un presente o un futuro de agonía y sufrimiento eterno.

¡Soy libre y amo a mi padre!

MÁS DE DIOS

*U*n día hablaba en la cárcel con un hermano cristiano, Alexander el adorador. Dios lo usaba en las alabanzas y ministraba hermoso. Le comenté: "Anhelo más de Dios". Entonces, me contó sobre el bautismo con Espíritu Santo y fuego, que lo anhelara y se lo pidiera a Dios, que él lo había recibido luego de orar durante casi dos años y que era una experiencia maravillosa. Me hizo saber que cuando lo recibiera, solidificaría mi fe. Así que siempre que oraba le decía al Espíritu Santo... ¡Le pedía eso! Él no me dio muchos detalles, solo que era una experiencia sobrenatural y que, cuando me sucediera, le contara.

Siempre oraba: "Señor, bautízame, yo lo quiero, por favor". Pero nada acontecía. Aunque no me detuve; seguí perseverando en la oración. Transcurrieron como ocho o nueve meses, entonces... ¡Algo pasó!

Como para febrero de 2015, tuve un sueño. Una persona venía a pedir oración por sanidad y yo comencé a orarle a Dios. Cuando comenzó a descender la unción, ella me haló y me animó: "Alan, sigue haciendo las cosas de Dios". Luego, sentí como un viento fuerte que, literalmente, se metió dentro de mí por el área de la nuca, tan violento que fue lo que me despertó del sueño. Me percaté de que por poco me tiraba de la cama y observé cómo ríos de agua viva corrían por mi cabeza, cuello y brazo derecho, una y otra vez. Estaba un poco asustado, pero escuché una voz en mi corazón que me sosegó: "Tranquilo, ¡Soy yo!" Y tuve calma..., aunque no podía parar de llorar y llorar.

Luego, en un estudio bíblico hablé con la maestra de Capellanía y le conté mi experiencia. Ella, emocionada, me dijo: "¡Qué maravilloso! Creo que recibiste el bautismo del Espíritu Santo y fuego". Me preguntó si había recibido las lenguas y le contesté que no. Entonces me explicó: "Si fue el bautismo, las recibirás como confirmación". Eso ocurrió como martes o miércoles, y el domingo, recuerdo que tuve un sueño en el que veía un libro antiguo. Yo leía con fluidez, pero cuando me fijé en lo que estaba leyendo, era un idioma que no conocía. Entonces, desperté, y era tan claro todavía que seguía hablando el idioma en voz alta... Algo tan sublime que aún recuerdo las primeras palabras: "RIVIERA AHÍ OMAGUA TAWI". No sé qué significa, solo recuerdo que era parte de lo que leía en ese libro de mi visión y lloré mucho sabiendo que Dios me había confirmado que era el bautismo del Espíritu Santo y fuego. ¡Aleluya!

De ahí en adelante, todo cambió en mi vida espiritual. Literalmente, no quería parar de orar, leer, ayunar, hablar de Dios y predicar... Una de las primeras demostraciones de poder de Dios en mí ocurrió cierto día que yo venía caminando por Admisiones y había un muchacho en la celda. Me acerqué y le dije: "¡Dios te bendiga!". Ese varón me escupió la cara. Yo andaba con dos muchachos más y ellos respondieron por mí, porque veníamos de las terapias del NEA (Negociado de

Evaluación y Asesoramiento) Yo solo repetí: "¡Dios te bendiga!", y trataba de calmar a los muchachos que estaban furiosos. Cuando seguimos caminando, me comentaron: "Ahora sí creo que Dios te cambió". Y le decían a todos en el módulo que un confinado me había escupido la cara en Admisiones y que yo solo le había respondido con un "Dios te bendiga". Ese día vi que, ciertamente, como dice la Palabra: Dios hizo vivir en mí un Espíritu de PODER, AMOR Y DOMINIO PROPIO (2 Timoteo 1:7).

Luego, en el secreto de mi pasillo, sentí que el Espíritu Santo me preguntó: "¿Estás dispuesto a recibir este tipo de humillación por Jesús?" Sin pensarlo dos veces, respondí que sí, que eso y ¡mucho más! Y su respuesta fue: "Prepárate para ver la gloria de Dios". Y así ha sido.

Cosas maravillosas comenzaron a suceder. Un día, quería hablarle a un hermano de la Iglesia para decirle que estaba pasando por una prueba, pero estaba en otro edificio. Nos separaban una verja y una calle. Pero si yo le gritaba, él me escuchaba. Ese día, sentí que me necesitaba. Era como el mediodía, con un sol del sur de Puerto Rico, Guayama; y aunque venía el recuento, fui a llamarlo, pero el sol estaba tan caliente que le grité: "Me quedaría hablándote un rato más, pero es que está muy caliente".

Entonces, llegó el conteo, y mientras caminaba para ubicarme en mi cama, le oraba a Dios: "Señor, me gustaría quedarme con Canito, pero es que está muy caliente". Y, delante de Dios, les digo que no había ni una nube. Y a partir de ese momento, el día, que había estado totalmente despejado, se transformó. Comenzó a caer un gran aguacero. Llovió en cantidad desde que cerraron los portones hasta que los abrieron. Recuerdo que hasta estuvo tronando y todo.

Cuando volví a salir, estaba el clima fresco, y una nube se había colocado exactamente tapando el sol. Inmediatamente, me dio sentimiento, porque sabía que Dios había escuchado mi anhelo para ir a apoyar a mi hermanito en Cristo, Canito. Le contaba de la maravilla que Dios hizo, y nos gozábamos en el

Señor. Como dice la palabra de Dios: estaba con su pueblo en el desierto de noche como columna de fuego, y de día, como columna de nube (Éxodo 13, 21-22). ¡Gloria a Dios!

Yo comenzaba a vivir una experiencia real con Dios. Sí, con ese Dios del que tanto predican. Y cada día me sorprendía más y más de estas cosas, que quien no cree solo puede verlas como casualidades.

Un día, me desperté tarde, por lo que no pude ir a desayunar. Así que me lo perdí, porque había que bajar al comedor. No tenía nada para comer y ya tenía hambre. Entonces, me asomé por la ventana y vi a un señor echándoles trocitos de pan a las palomas. Pensé: "Yo con el hambre que tengo y él tirándole comida a las palomas". Y en ese momento, llegó un versículo a mi mente: "Miren las aves del cielo: no siembran ni siegan, ni recogen en graneros y, sin embargo, su Padre celestial las alimenta. ¿No son ustedes mucho más valiosas que ellas?" (Mateo 6, 26).

Justo en aquel instante, un muchacho me invitó: "Mira Alan, traje avena. Si quieres, coge en confianza". No pasó ni un minuto cuando otro hermano me dijo: "Alan, vi que no te despertaste y te traje por lo menos el pan". Rápidamente, comprendí que era Dios haciéndome saber que Él está pendiente de mí, y que así como yo veía que Dios se encargaba de alimentar a las palomas, también lo haría conmigo en momentos de necesidad. Les di las gracias a los muchachos, y mientras comía, le agradecía a Dios por su gesto de no dejarme pasar hambre. Dios obra a través de las personas, y muchas veces, a través de las personas de quien menos te lo esperas. ¡Comencé a conocer al DIOS VIVO!

ÁNGELES Y DEMONIOS

*M*is ojos espirituales se habían abierto y ya no solo para ver las señales que Dios usaba para hablarme. Una noche, me bañaba y vi una sombra varias veces. Cada vez la veía más cerca.

33

Se me puso la piel como de gato y solo sentí puro terror. Rápido reconocí que eso no era de Dios y, asustado, dije en voz alta: "Yo no sabré qué hacer, pero sí sé una cosa: que Dios me ha sellado con su Espíritu Santo y no me puedes hacer nada". En ese mismo instante, como cuando cerramos los ojos, pero sabemos que hay alguien a nuestro lado, sentí que calló como del cielo un ángel del tamaño de la pared hasta el techo, y abrió sus alas de una manera imponente. Entonces, sentí la presencia de Dios y su protección. Más vi cómo esa sombra se alejaba hasta irse por la ventana. ¡No podía creer lo que había acontecido!

Desde ese entonces, se desató una guerra espiritual. Casi todas las noches me visitaban esas malicias y sentía cómo me paralizaban. No podía hablar ni moverme. Percibía algo aterrador en mí e intentaba moverme, pero eso no me lo permitía. Intentaba gritar y tampoco podía. Sentía que me tapaban la boca y aguantaban las manos. Hasta que se lo comenté a los muchachos cristianos. Recuerdo que uno me dijo: "Tienes que pedirle autoridad a Dios!" Así que, cuando volvió a ocurrir, no podía hablar, pero dentro de mí oré con fuerza: "¡Dios, dame autoridad...!" Y automáticamente sentí una sábana de unción que me cubrió desde los pies hasta la cabeza y fui liberado del ataque.

Había un campo espiritual que Dios quería mostrarme para que yo fuera un guerrero suyo y capacitarme para vencer. Recuerdo que Moisés me dijo que usara versículos de guerra espiritual. Así que le pedía a Dios que me guiara a través de su Palabra. Encontré uno que decía: "En el nombre de Jesús, echarán fuera demonios" (Marcos 16, 17). Entonces, cada vez que venían los ataques, yo pedía autoridad a Dios. Y cuando me soltaban, declaraba: "¡Te reprendo en el nombre de Jesús!" Esto me hacía experimentar que contraatacaba y que temblaban ante ese nombre. Llegó el momento que cuando todo esto pasaba, ya no tenía miedo, solo pedía autoridad y reprendía.

Poco a poco, los ataques fueron disminuyendo hasta que llegó el momento en que yo era el agresor en el mundo espiritual. A veces, el Espíritu Santo me despertaba y me mostraba que venían demonios fuertes. Un día, llegó una malicia que no era como las demás. Percibía su presencia aun desde lejos, y cuanto más se acercaba, más pesado se tornaba el ambiente. Recuerdo que lo combatí. Fui al baño y cuando volví, vi por la ventana que había alguien parado en el medio de la calle. Pensaba que era un oficial, pero cuando me fijé bien, observé a esa persona mirándome y solo... ¡Se desapareció! Como dejándome saber que la opresión que yo sentía, era para que yo reconociera el rango de su autoridad. Al otro día, me enteré que hubo un incidente grave con un confinado, por culpa de una confusión; pero gracias a Dios salió con vida. Los demonios son algo serio y podemos combatirlos con la autoridad de Jesucristo en el espíritu.

Otro día, decidí que tenía que hacer una vigilia. Sentía que Dios me inquietaba porque había muchos demonios en la cárcel. Necesitaba conquistar los aires para que Dios reinara y la opresión que había sobre muchas vidas fuera disipada y pudieran ser libres. Comencé a interceder y caminaba por las camas ungiéndolas y orando en voz baja. Declaraba solo esta frase: "¡Dice la palabra que en el nombre de Jesús echarán fuera demonios!" Así lo repetía, una y otra vez. De repente, ocurrió que uno de los muchachos que estaba dormido reaccionó como si lo estuvieran ahorcando. Se levantó, tomó un suspiro bien profundo como si estuviera sumergido en el agua y gimió. ¡Así salió de él un demonio por la ventana! Luego, esa misma noche, en otra cama, sentí que salió un demonio y se paró frente a mí en forma de perro rabioso, rugiéndome a la cara. Yo mantuve mi postura y tuvo que salir. Luego, al día siguiente, Moisés, que acostumbraba a hacer vigilias de lectura, me dijo que estaba leyendo y que cuando alzó la mirada, vio una sombra salir de donde yo estaba.

Así fue como comencé no solo a conocer a Dios, sino a ser su guerrero y conquistar almas para él. Esto reafirmaba mi fe cada vez más. Estaba teniendo experiencias sobrenaturales con los demonios. Estaba comprobando no solo que Dios era real —porque había hecho un milagro en mí—, sino que los demonios también son reales y batallan desde el mundo espiritual por nuestras almas para sumergirnos en la perdición. Pero también los ángeles lo son y nos ayudan.

Yo recuerdo que, cuando apenas era un niño, me quedé una Navidad con mi abuela paterna, Mercedes, que vivía en Tampa, Florida. Abuela lleva muchos años sirviéndole al Señor. Un día, mientras me bañaba, me fui a lavar la cabeza y sentí que me halaron la alfombra de la bañera, de esas de chupones. Esto hizo que me resbalara. Mi nuca iba directo al inodoro cuando sentí una mano con unción que me agarró por la cabeza y me sentó en la orilla de la bañera. Salí corriendo y le gritaba a mi abuela: "Abuela, abuela, en el baño hay ángeles". Luego de esa experiencia, siempre dormía en la esquina de la cama para que el ángel que me cuidaba no tuviera que vigilarme de pie y se sentara o se acostara en la cama si quería descansar. No sé cuándo dejé de hacerlo.

Pero ya conociendo lo que estoy viviendo, recuerdo que le decía a Dios: "Señor, estoy cansado. Voy a dormir. Por favor, si me despiertas a las 5 de la madrugada, yo te cantaré y te adoraré." En mi dormir, sentía que me tocaban el hombro, como diciéndome: "¡Despierta!", y cuando abría los ojos y veía el reloj, era la hora que yo le había pedido a Dios. Así pasó varias veces. En otras ocasiones, sentía que me despertaban tocándome las piernas.

Hubo un día que no me quería despertar. Había trabajado mucho y me esperaba un día fuerte en la Cooperativa. Solo, acostado y desanimado, con las manos como cruzadas en el pecho, sentí que salió una mano de la mía y me dio una palmada que me tocó en la eternidad del alma, literalmente. Entonces, comencé a llorar y llorar de gozo, y me levanté animado a trabajar. ¡Ese era el Espíritu Santo!

Definitivamente, Dios me estaba mostrando un mundo que no se ve con los ojos naturales. Cada nueva experiencia espiritual me posicionaba exactamente... ¿Dónde? ¡No sé! Pero sencillamente me estaba pasando. Esa era mi realidad y la estaba enfrentando como Dios me enseñaba.

Cuando nos despojamos de esta naturaleza carnal y egoísta —también orgullosa— para buscar al Dios que es invisible, podemos hacer espacio en nosotros para ver más allá de lo que queremos ver. Por el contrario, cuando somos tercos o soberbios y alguien nos corrige, no vemos ni las razones ni la verdad, porque sencillamente no deseamos enfrentar que estamos actuando mal. Si buscamos ver lo invisible, solamente dándonos la oportunidad de intentar caminar por ese camino que no es palpable, siendo OBJETIVOS E IMPARCIALES, sucederán cosas que nos maravillarán. Como Dios le dijo a Jeremías: "Clama a mí y yo te responderé, y te mostrare cosas grandes y ocultas que tú no conoces" (Jeremías 33.3) ¡Y Jeremías era un profeta de Dios que ya conocía! Imagine, entonces, que más lo haría con nosotros.

Ahora bien, cada experiencia con los demonios me hizo estar en guardia, a la defensiva y escudriñar más sobre el tema. ¿Cómo operaban ellos? Pues al igual que en este mundo físico y visible hay leyes, también en el espiritual existen leyes. ¿Recuerdan que les hablé del apóstol Pablo y su Carta a los Romanos? Pues en este libro, Pablo relata que había unas leyes dentro de él que batallaban: la ley del pecado en su mente y la ley de Dios en su espíritu. Es como una jurisdicción, pero existe un límite sobre el derecho y la autoridad que los demonios poseen sobre una persona. Así, se da una lucha dentro de nosotros. Vencerá quien más alimentemos: el odio de la carne y sus apetitos insaciables o el espíritu y el amor de Dios. (Recomiendo mucho leer la Carta de Pablo a los Gálatas).

Esto funciona muy parecido al sistema, la ley y orden público, ejemplo con la policía. Si vamos en obediencia, él no tiene derecho ni autoridad sobre nosotros. No hay por qué temer. Pero si hacemos las cosas mal y rompemos la ley, somos nosotros quienes les damos a ellos la autoridad de someternos a lo que establece el gobierno.

Ahora bien, la diferencia está en que el oficial te llevará a que cumplas con cárcel o lo que aplique, pero los demonios te van a someter a lo que establece el gobierno de las tinieblas. Te sumergirán en la inmoralidad y bajo sus leyes de matar, hurtar y destruir tu alma. Si no reaccionas a tiempo, te arrancarán hasta la propia vida. La buena noticia es que hay un Dios vivo que tiene el poder para defenderte y salvarte de ese gobierno de odio y maldad que impera en los aires de este planeta. En Cristo Jesús estamos protegidos en la palma de su mano. El problema está en que, mientras transitemos por este mundo, vamos a ser perseguidos y tentados, con estrategias insistentes, para desobedecer.

ORACIÓN Y AYUNO

*L*a oración y el ayuno son como el "trimmer" y la podadora, o como la lavadora y la secadora: herramientas que siempre vas a necesitar en tu casa, que es tu espíritu, tu interior. El patio va a crecer y la ropa siempre se va a ensuciar, así que esas herramientas hay que usarlas continuamente.

Para tener una vida espiritual "decente", es decir, profunda y madura, hay que orar y ayunar. Del mismo modo que se poda el patio de la casa o se lava la ropa que nos ponemos cada día. Pero esta "poda" y esta "limpieza" interior no es para agradar a los hombres, sino para agradar a Dios. Luego, como reflejo de nuestra integridad y amor para con Dios, también resaltará hacia los hombres.

Mientras estuve en la cárcel, comencé ayunando hasta las 12 del mediodía. Le presentaba el ayuno a Dios en la noche junto con el propósito. (Mi recomendación es que nunca ayunes por cosas materiales, ni para tus deleites y mucho menos para cosas vanas). Desde que despertaba, me mantenía en oración buscando la comunión y la revelación de la palabra de Dios, su dirección, y así me mantenía hasta que llegaba el momento de entregar el ayuno. (Otra recomendación: nunca entregues el ayuno porque tengas hambre. No permitas que la carne te domine. Cuando sientas la victoria en el espíritu, entrega tu ayuno agradeciendo que Dios te haya fortalecido. De lo contrario, solo estarás pasando hambre y maltratando tu cuerpo).

Luego de un tiempo practicando este ayuno, le dije un día al Señor que ayunaría hasta el mediodía. Entonces, sentí que el Espíritu Santo me preguntó: "¿Por qué no lo haces de 24 horas?" Le respondí que si no pasaba ni hambre ni sed, no tendría problemas, que yo creía que Dios lo podía hacer. Así que me lancé con fe y no tuve ni hambre ni sed durante 24 horas. Pasada esta experiencia, Dios me sumergió en ayunos poderosos de dos días, luego de tres, de una semana entera, y hasta ayunos parciales de 21 y de 40 días. Toda la gloria es de Dios porque, sin sus fuerzas, habría fallado el primer día que dieron chuleta en la cárcel.

Se preguntarán qué hace realmente el ayuno. ¡Mucho! Rompe cadenas en uno, aumenta la fe matando la incredulidad que está en nuestra naturaleza, siempre y cuando sea la mano de Dios, en obediencia, porque de lo contrario, como ya dije, sería pasar hambre. El ayuno somete, sobre todo, el poder del pecado que vive en nuestra humanidad para poder obedecer a Dios. Y si hablamos de obedecer, es porque escucharemos con mayor claridad. Si el pecado nos aleja de Dios, y Cristo pagó por él, pues... ¿Qué nos detiene a acercarnos? ¡La incredulidad! Por eso ponemos nuestras armas espirituales en práctica, para someter en nosotros toda maldad e influencia de las tinieblas. El ayuno alumbra las tinieblas, las debilita y, a la vez, fortalece el espíritu, porque el ayuno es un ejercicio espiritual.

Imaginemos que entre nuestra vida espiritual y la carnal hay una FRONTERA y estamos en GUERRA. Nuestra voluntad decide una de dos cosas: o camina hacia el frente para conquistar lo que falta en nosotros y que Dios reine, o retrocede y perdemos lo que ya habíamos conquistado. El ayuno es tu arma más poderosa para lograr la victoria dentro de ti, y la oración es el medio mediante el cual Dios, que ve desde lo alto de tus adentros, te va a dirigir.

Normalmente, en mi caso personal, FLUYO. No ayuno un día en específico. Aunque mi esposa y yo acostumbramos a tener un ayuno congregacional semanal (cosa aparte al trato que debemos tener como individuos). El proceso no debe ser una carga. Lo mismo ocurre con la oración y la lectura de la palabra, no debe ser impuesto. De hecho, Dios nos invita a MEDITAR en la palabra de día y de noche, no a leer de día y de noche. En cuanto al ayuno, cuando siento que las obras de la carne afloran en mí, diligentemente las someto hasta sentir DOMINIO PROPIO TOTAL DE MI CUERPO, ALMA Y ESPÍRITU, y mantengo un paso firme sin retrocesos. Y cuando Dios me inquieta a conquistar una nueva área de mi vida, me lanzo con la confianza de que la victoria está garantizada.

Lo demás es como un bebé: llora porque tiene hambre. Y entonces, le das de comer, pero si no tiene hambre, no lo puedes obligar a que coma. Pero es importante anhelar y pedirle a Dios constantemente HAMBRE de ayuno, oración y de la lectura de la Palabra. También, hay tiempos específicos en que Dios te invita a sumergirte en la oración o la lectura, pero por el afán de la vida no lo escuchamos y nos perdemos de ese preciado momento. Momento en el que, si respondemos, Dios hará cosas que nos marcarán o nos mostrará algún secreto en la profundidad de la Palabra, o quizás alguna nos hará vivir una experiencia de intercesión en el espíritu. En la oración hay cosas maravillosas que Dios nos regala y que valen mucho más que desperdiciar tu tiempo viendo una novela o hacer cualquier otra bobería.

Aceptar su invitación a profundizar en la oración y en la palabra nos hará crecer en nuestra vida espiritual, transformándola en una vida de fe saludable, madura y llena de frutos para el Reino de Dios.

Parte 3. Nuevo amanecer

PROPÓSITO

*S*i, este ha sido mi secreto para el éxito. Ese ha sido el aceite dentro de mi lámpara para mantenerla encendida en medio de la oscuridad.

¿Por qué me sucede esto a mí? ¿Me estaré volviendo loco? ¿Estaría delirando en la cárcel? No sé, pero es lo mejor que me ha pasado en mi vida, y lo único que habría querido es que me hubiera pasado antes. Pero sí, Dios tiene un plan.

Una mañana, ya despierto, pero aún descansando en la cama, comencé a tener una visión. Estaba caminando por un caserío y me detuve a hablar con una muchacha y su hija. La niña exclamó: "¡Qué bello es el amor de Dios!", y hablaba con sabiduría. Le pregunté a la madre qué edad tenía. Ella respondió que ocho añitos. Yo la miraba con atención. Era muy bella. Siguió hablando, pero yo quería atender a la conversación de

42

los adultos.

Recuerdo que en la visión también estaba mi madre, y la niña continuaba interrumpiendo. De pronto, todo se tornó muy interesante. Mi madre la fue a regañar, pero yo la detuve: "No, tranquila que estoy tratando de escuchar la voz de Dios". Entonces, cuando le presté atención, la niña comenzó a hablarme con una voz de hombre y me dijo: "Alan, ¡Dios tiene un propósito para ti!" Yo miré a mi madre y ella me preguntó si yo había escuchado eso. Le respondí mostrándole mi brazo derecho como señal de la unción de Dios en mí.

Finalmente, desperté de la visión llorando sin cesar. Cuando fui a lavarme la boca, los muchachos cristianos escuchaban en la radio a una niña que predicaba. Escuché entonces al animador del programa, sorprendido, decir: "¡Wow!, si ustedes vieran qué bella es esta niña". Y le preguntó a la madre: "¿Qué edad tiene?" Y yo respondí: "Ocho". Inmediatamente, se escuchó a la madre contestar: "Ocho añitos". Todos me miraron y les confirmé que sí, que era bien bella, y que Dios la usaba poderosamente. Entonces, les conté mi experiencia y me fui a lavar la boca. Ya en el lavamanos no podía parar de llorar.

¿Por qué? ¡Porque Dios tiene un propósito para mí! Es decir, que Dios tiene algún propósito para TODOS nosotros. ¿Qué planes crees que sean mejor para tu vida, los que tú mismo puedes desarrollar con tu intelecto y tus propias fuerzas o los planes que el DIOS VIVO pueda desarrollar y ayudarte a cumplir con su sabiduría y poder, con su gracia, para tu bienestar?

Definitivamente, cuando amamos a Dios, todas las cosas obran para bien. Cuando estaba todavía en la cárcel esperando los privilegios que, por derecho legal me tocaban por buena conducta y bonificaciones en el trabajo. La Junta de Libertad Bajo Palabra me denegó indirectamente la salida ocho veces, entre privilegio de hogares, grilletes y probatoria. Digo indirectamente porque decían que me faltaban unos documentos. Pero me constaba que se habían enviado y se habían realizado todas las gestiones legales necesarias. Estoy convencido de que todo fue propósito de Dios

EMPRESARIO

*A*unque yo no tenía prisa por salir, porque ya era libre y estaba siendo útil en las vidas de mis hermanos confinados, la incertidumbre del "te vas, no te vas" despertó en mí un estrés y una ansiedad frustrante. Hasta el punto de reclamarle a Dios por permitir aquella injusticia. Cada vez era más la aflicción que me causaba el tema porque me ilusionaban y luego me dejaban caer. En mi humanidad tenía lapsos de desesperación, pero ahí estaba Dios para confirmarme que todo obraba a bien.

Para ese entonces, estaba finalizando el curso de Desarrollo Empresarial, así que decidí dedicar mi tiempo a este pensamiento: ¡No puedo esperar por una oportunidad de empleo, yo mismo tengo que "crear" mi propia oportunidad! Y comencé a hacer planes de negocio. Llegué a desarrollar un plan. Me tomaría aproximadamente 25 años alcanzar mi objetivo.

Llegar a esa meta parecía un tanto fantasioso, hasta que mi profesora me aclaró: "¡No es imposible, solo tienes que poner los pies en la tierra y comenzar desde abajo! ¿Tienes el dinero para tu empresa? No, ¿verdad? Pues comienza desde donde sí puedas, para que tomes impulso y vayas evolucionando hasta llegar a donde querías desde un principio". Y reflexioné que, según mis cálculos, era viable y, sí, tenía razón.

Una noche, comencé a tener sueños con negocios de comida. Específicamente, tuve uno en el que aparecían unos hot dogs que eran como de longaniza. Al despertar, pensé: "Creo que será un buen comienzo; algo económico y diferente". Y ahí lo dejé. Luego, comencé a tener más sueños. Veía que estaba en lugares muy pobres, como Haití, donde ayudaba a construir casitas de madera para ellos. Ese lugar se llamaba "La Obra", pero aún no entendía con exactitud. En otros, me veía en África, predicando en cárceles de otros países y construyendo iglesias.

Un día, la profesora me preguntó cuál sería la visión y misión de mi empresa. Le respondí que mi misión sería demostrar que

Dios escoge personas de entre lo más vil y menospreciado para avergonzar a los que se creen más sabios, y que los confinados pueden cambiar. (1 Corintios1: 28-29)

Le expliqué que, con el dinero que generaría, construiría para el Reino de Dios. Ella solo sonrió... Cuando tomé conciencia de lo que realmente Dios quería de mí en medio de lo que yo pensaba que era una injusticia, me di cuenta de que todo estaba obrando para bien. Esto me dio mucha claridad. Comprendí que si Dios aún no abría la puerta, era porque todavía era necesario trabajar algunas cosas en mí, como por ejemplo los asuntos del MATRIMONIO y el propósito para el que Dios me llamaba: ¡SER EVANGELISTA!

LA SALIDA

Cuando vi todo con claridad, se fue la aflicción. Aparecieron algunas bonificaciones del trabajo y la salida estaba mucho más cerca de lo que esperaba. Entonces... ¡llegó el gran día!

El 2 de diciembre de 2016 mencionaron mi nombre en la caseta de los guardias para que recogiera mis pertenencias. Esto ocurrió luego de toda una mañana en la que, por poco no me voy, ya que, por un asunto administrativo, no había quién calculara las bonificaciones. Pero llegada la hora, ya no me quedaba nada: había regalado todo lo que tenía. Solo me quedaban las fotos de mi familia, las cartas románticas de mi amada y las de mi familia más cercana, y algunas libretas donde yo escribía. En estas se encontraban, por ejemplo, un pequeño libro que titulé: *Escuchen mi voz clamando desde la prisión*, otros borradores sobre el matrimonio y algunas alabanzas que había escrito, etc. Me despedí de los muchachos, oré antes de irme y... ¡CAMINÉ!

Cuando crucé el primer portón, solo dije: "Parece que me van a soltar de verdad". Así, crucé el último portón con la boleta que decía que había terminado mi sentencia. Allí vi a mi hermana

Lesly con su novio Jorge, quienes dos días después me darían la noticia de que Lesly, con solo 16 años, estaba embarazada. También fueron mi abuela Mercedes, que fielmente estuvo ahí en las visitas en representación de mi padre; el abuelo Cachu y, por supuesto, la perrita Milagritos, que mi abuela rescató de la calle.

Los abracé, di gracias a Dios y, honestamente, cuando crucé el último portón... no sentí nada diferente. ¿Sabes por qué? Porque ya había sido liberado hacía dos años. Yo era libre aun detrás de los barrotes olorosos a acero viejo, los portones, las serpentinas, los grilletes y la burocracia del sistema. Solo quedaba en mí un sentido de responsabilidad de cumplir con el propósito para el cual Dios me había llamado.

Pablo, en 2 Corintios 3, 17, afirma: "Porque el Señor es espíritu; y donde está el espíritu del Señor, allí hay libertad".

Sí, ahí estaba yo, quizás hasta un poco aturdido por los carros y tanta gente que me hacían sentir extraño, pero sin nadie que estuviera dándome instrucciones de qué hacer o diciéndome: "PRESO, CAMINA DENTRO DE LA LÍNEA" o "PRESO, MÉTETE LA CAMISA POR DENTRO". Sin embargo, aún pedía permiso hasta para ir al baño o para coger agua de la nevera. Cuando me bañaba, todavía me bañaba con los boxers puestos y los lavaba, y tendía de la cortina. Sobre todo, lloraba por los muchachos, sabiendo la opresión que vivían haya adentro. Viví en casa de mi madre 20 días exactamente, porque rápido me casé con quien hoy es mi esposa. Y siguiendo la voluntad de Dios... ¡El que se casa pa' su casa! Pero, sobre todo, como dice Pablo: "Es mejor casarse que estar quemándose" (1 Corintios 7,9).

Yo habría anhelado que su familia me recibiera con alegría e hicieran una fiesta, pero ¿qué madre querría que su hija, toda una profesional, con maestría y todo, se casara con un tipo que, ante el mundo, no tiene futuro alguno; alguien que, para colmo, está todo tatuado y acabado de ser excarcelado?

Por esto, debo confesar, nunca pedí su mano, porque sabía que, sencillamente, no me la darían; no lo aceptarían ni jugando. Pero yo anhelaba con el corazón la formalidad de un noviazgo que Dios había predeterminado, pues su voluntad era que fuéramos marido y mujer para gloria y alabanza suya.

Así que, como ya Dios mismo se había encargado de confirmarnos, a cada uno individualmente, que esta locura era de Él, solo nos lanzamos con FE. A partir de ese momento, las puertas solo se abrieron. Pero este es un tema del que hay tela para cortar y hacer otro libro, que está en proceso también.

NO TODOS LOS OFICIALES SON IGUALES

*C*omenzaré presentando un tema que es muy sensible y delicado. Con este capítulo no pretendo herir a nadie, mucho menos dañar relaciones. Solo me es necesario presentarles cosas que acontecen, pero que siempre tendrán dos puntos de vista. ANTIPRESO es un término que, obviamente, describe el carácter de aquellos que están en contra de los beneficios de los confinados y que no creen en la REHABILITACIÓN. Lo presento con la intención de explicar cosas que permean en la cultura de la cárcel.

Algunos oficiales y personal administrativo, en ocasiones no fluyen en la bendición de utilizar a nuestro favor las herramientas que tienen, ya que la mayoría de la población de confinados, no muestran indicadores de rehabilitación ninguna. Eso trae como consecuencia que los pocos que estamos convencidos de que ese mundo de delincuencia no es lo que queremos para toda la vida ni para nuestras familias, quedemos atrapados en medio de la guerra sin cuartel entre los PRESOS y los GUARDIAS.

En alguna parte de la mente de los confinados está la creencia (las misma que tenía yo en aquel entonces) de "NOSOTROS MANDAMOS". Así, cada equipo "hala" para su propio lado. Esto provoca que los oficiales que controlan cada área de las instituciones: sociales, área médica, escuela, trabajos entre otras; pueden contaminar con esa mentalidad (conocida como ANTIPRESO) la forma de vernos de algunos civiles que nos brindan los servicios.

47

Esto sucede porque algunos (dije algunos) oficiales están convencidos de que los presos SON ADICTOS, EMBUSTEROS, tratan de ENAMORAR A LAS MUJERES, son unos FRESCOS, entre otras cosas feas que no vale la pena mencionar. Piensan que cuando salgamos a la calle, volveremos a hacer lo mismo, por lo que regresaremos a la cárcel, en un eterno círculo vicioso que durará toda la vida. Tienen la firme creencia de que somos un ESCOMBRO PARA LA SOCIEDAD. Esa es la conducta o, por lo menos, el pensamiento que domina en ellos dentro de la cárcel.

Y vuelvo y aclaro que no todos los oficiales son iguales. Lo traigo a modo de que podamos comprender ligeramente, que este daño es provocado por muchas razones. Estoy claro que no todo el que está confinado es un angelito. Se levantan muchos sucesos que provocan que la mentalidad de algunos oficiales nos vea a todos como "malos".

Ahora bien, no todos los oficiales son así. Hay oasis en el medio del desierto. Las personas que en mi experiencia, piensan y actúan distinto, son personas que no se dejan influenciar de los oficiales con esta conducta negativa y que tienen muy claro por qué están trabajando en la cárcel. Van allí a hacer su trabajo. Son conscientes de que los confinados están perdidos y que necesitan las herramientas que ellos les llevan para crecer como personas, hasta encontrarse. Además, saben muy bien que la estrategia del padre que siempre grita y golpea a su hijo, no es la forma correcta para instruir. Estas personas son conocidas como PROCONFINADOS.

Existen personas valiosas dentro de la cárcel a favor de la rehabilitación de los confinados y están presentes en los procesos de formación intelectual y de capacitación en las cárceles. Yo conocí a algunas que luchaban a favor de los derechos de los confinados y dan cátedra con sabiduría a sus compañeros. Porque, como una de las sicólogas decía: "Si de cien, uno recibe la semilla, eso es una recompensa y vale la pena".

Con relación al personal pro confinado, no podría pasar por alto a Vilma. Ella daba terapias de valores, creo que contra las drogas y alcohol, en la 945, en el área de OPD. Vilma todavía estaba en 2016 cuando yo salí. Esta dama fue para mí como una luz, literalmente, en medio de la opresión de las tinieblas que viví durante los años en prisión. Ella fue una bendición cuando yo luchaba en el Señor para poner en práctica mis valores y ser tolerante y benigno, o cuando la frustración me alcanzaba si me denegaban los privilegios injustamente a causa de mi pasado. Ella trabajaba conmigo de una manera poderosa. Con ella LLORÉ lágrimas de frustración y de sufrimiento. Siempre fue imparcial con sus consejos. Era una mujer justa y llena de paz. Un día, murió su esposo. Ellos eran jóvenes, tendrían algunos 50 años. Pero él murió repentinamente, y recuerdo que DIOS me habló en un sueño para que la visitara y orara por ella. Lloramos juntos y ella terminó dándome una cátedra de vida. Sin importar su situación, siempre aconsejaba para bien. Que Dios la bendiga donde quiera que esté.

También quiero destacar a mi profesora de Desarrollo Empresarial, Milcia López. Ella fue de esas personas que Dios usó para que yo descubriera en mí el potencial que tenía de ser comerciante. Yo lo era, pero ella me abrió los ojos, me hizo tomar conciencia de ello, me motivó a volar con las fuerzas de Dios, y lo estoy haciendo. Ella me visitó con su esposo el primer día que operé el negocio, cuando salí de la cárcel, en una caminata. Allí conoció a mi esposa y a mi madre. Sus ojos eran de emoción. Ver cómo se alimentaban en ella sus fuerzas al confirmar que no estaba equivocada respecto a las nuevas oportunidades que se me estaban dando, que la rehabilitación es real, que solo hay que trabajarla individualmente y, con el amor de una madre, sembrar la semilla en personas fértiles. Eso hacía ella. Nos trataba como una madre. Recuerdo que uno de los muchachos decía que ella era "la mamá de los pollitos". Que Dios la bendiga en todo lo que emprenda.

De igual forma, no puedo pasar por alto a mi socio-penal, Marla Rivera, ella fue un excelente recurso en mis últimos años dentro de la prisión. Con ella comencé a agarrarle el gusto a la sicología y a gustarme la idea de verme como todo un profesional. Comprendí que a pesar de mi pasado, nada limitaría la posibilidad de tener un empleo y un lugar de honra en la sociedad. Siempre estaré agradecido de sus sabios consejos y su aportación a mi crecimiento personal.

Tampoco puedo dejar de reconocer a los oficiales que creyeron en mí, que me trataron con dignidad y aportaron palabras sabias a mi vida.

También los empleados de sociales, de enfermería, capellanes (Tony Diaz y Orlando Vega), doña Gloria, Luz Selenia, maestros, administración, en fin... Los buenos son más. Todo está en el punto de enfoque.

Créanme, la cárcel fue la escuela para cuando salí a la libre comunidad. Encontré de todo un poco. Gente a favor, gente con prejuicios, desafíos, dificultades, personas que apostaban a mi retorno a la prisión, desconfianza... Si continúo, no termino. Pero también encontré personas con buena voluntad, ganas de ayudarme, deseos de verme evolucionar, los que aplaudieron cada conquista y los que lloraron cada proceso para salir adelante. En fin... No todos son iguales.

FAMILIA

*D*efinitivamente, cuando llegué a la cárcel, pensé que debería enfrentar las consecuencias. Uno de los dichos de preso es: "SOLO VINE, SOLO ME VOY". Pero la verdad es que "entramos" y "hacemos" la sentencia con la FAMILIA. Y la realidad es que cuando llegábamos al salón de visita y recibíamos ese abrazo... ese que tanto habíamos esperado, ese que nos hacía saber realmente cuánto los extrañábamos, ese que nos daba nuevas fuerzas, yo decía que era gasolina para continuar la sentencia. Era como recibir gozo, luz, algo que no se encuentra dentro de la cárcel. Porque lo único que se recibe allí es el desierto.

Así que lo más valioso que tenemos, nuestro tesoro más grande cuando estamos adentro, NO es la "comelata" para no pasar hambre en las noches, ni lo son tenis de marca (para no dar crédito a los que ya son millonarios), ni los espejuelos de "guille", ni el crucifijo para "blinblinear", ni que tengas televisor en tu celda o muchas cajas de cigarrillos, entre otras cosas. Pero no, el tesoro más valioso es esa familia que nos acompaña durante toda la sentencia. Y es triste, porque es de ellos de quienes recibimos el apoyo más significativo. Lo que sucede es que nuestros valores están tan desalineados, que es lo menos que valoramos. Pero, aun así, lloramos mucho porque los extrañamos y les decimos los "te amo". Esos que nunca les dijimos en la calle.

Muchas veces, les reclamamos sin saber que el proceso los marca para toda la vida, los sacrificios que tienen que hacer para llegar a vernos, sobre todo los económicos y de tiempo. Están, además, los prejuicios y malos tratos que reciben cuando la soberbia de algunos oficiales, pisotean a tu madre o a tu esposa, quizás a tus hijos, porque el trabajo de ellos es la seguridad y pueden ver a los miembros de tu familia como posibles portadores de drogas. Y es que la realidad es que eso pasa en las cárceles, así que están prejuiciados. En ocasiones los ven como posibles sospechosos. Que traten a uno así, pues se comprende, porque es la verdad, pero a tu madre, que lo que ha hecho es aconsejarte y sufrir, ¡duele! Y cuando nuestro nombre suena en la cárcel por problemático, lo que provocamos es que la persecución contra ellos sea aún peor. Así que, hasta cierto punto somos responsables de esta situación.

Cuando caí en la cárcel, pensaba que mi padre sería quien me ayudaría, pues estaba bien económicamente. Mi madre, pues en la lucha de trabajar para sobrevivir, como la mayoría de la clase media baja: súper esforzados. Sin embargo, mi padre nunca me respondió una carta en ocho años. Pero, claro está, tuve que ser procesado para entenderlo. Mi actitud y mi mala conducta nos separaron. Es más fácil mirar la paja en el ojo ajeno. No es hasta que reconocemos nuestras deficiencias y malas actitudes, que podemos comprender el daño que provocamos en el otro.

En cambio, mi madre... ¡La madre es TODO! Esas son las guerreras que, en medio de la batalla, sacan la cara por sus cachorros y mantienen su lealtad hasta la muerte. Ella me visitaba cada semana y también me escribía enviándome mensajes positivos. Sin embargo, también era ella quien no me decía "te amo". Pero desde Utuado me fue a ver en Aguadilla cuando ingresé; luego a Ponce, en la 304 para jóvenes adultos; después a Ponce Máxima (el Monstruo Verde), cuando cumplí la mayoría de edad; más tarde a Ponce Principal, en fase 5; luego a Guayama 1000; después a Ponce 1000; luego a Guayama nuevamente, en el pueblo, 945, en el Edf.1, y finalmente, en la mínima, Edf.5, de donde salí al cumplir mi sentencia.

Ella fue parte de los comités de amigos y familiares. También recolectó alimentos para los OPEN HOUSE. Y mi hermanita, cuando tenía como diez años, un día llegó llorando a la visita porque había estado entrenando para una carrera del pavo y poder donarlo a la cárcel para que pudiera comer pavo, pero no ganó. Solo le entregaron un pollo.

Yo escribo esto y, todavía un año después de mí salida, lloraba porque todo me marcó tanto. Y más aún, marcó a mi familia, que era INOCENTE. Mis acciones los perjudicaron a ellos, cuando se suponía que yo los amaba. No entendía en aquel entonces que toda acción tiene una consecuencia, y en el huracán de mi juventud, me convertí en un ciclón para los demás. No veía que los escombros que lanzaba hacia el frente giraban y golpeaban a los que estaban cerca. Por eso comprendo por qué mi padre, sabio al fin, se había alejado tanto de mí.

Cuando salí de la cárcel, mi hermanita tenía 16 años y estaba embarazada. ¡Yo que la había dejado de nueve añitos! No podía parar de llorar cuando me enteré de la noticia, porque no estuve ahí para aconsejarla. No pude hacer algo al respecto. No pude sentarme en la mesa con su novio y aconsejarlos o, por lo menos, asustarlos para que no se atrevieran.

Si le prestamos atención a lo que realmente tiene valor y abrimos la puerta a la sabiduría de Dios, Dios nos bendice con PLENITUD DE VIDA. Dios nos restaura de nuestra condición de maldad (porque a veces pensamos que no somos malos, pero sí, somos egoístas) para que gocemos de la institución más importante que Él creó: LA FAMILIA.

Ese es el punto de partida para una vida plena, ya que muchas veces tu carácter depende de cómo está tu relación con tu esposa, y se refleja en tu trabajo o en las situaciones con tu familia; te causa frustración y mal humor. Dios quiere recuperar la esencia de lo que se vivía en el jardín del Edén: que nuestra familia sea FUNCIONAL y llena de AMOR.

Para poder amar, debemos tener la oportunidad de hacerlo. La opresión de este mundo de pecado nos brinda esa oportunidad de ejercitarnos para amar con virtudes y defectos. Así que debemos ver los defectos de nuestros familiares o cónyuges como aquello que nos brinda la oportunidad para que ellos vean nuestro amor en las malas también.

Porque amar cuando todo está bien NO es PLENITUD DE VIDA. Debemos hacernos fuertes en EL AMOR para amar en el momento de imperfección, para que así siempre fluya la bendición y la esencia de lo que realmente Dios quiere para nosotros en la vida.

Llegó un momento en que comencé a sentirme atado para ayudar a resolver algunos asuntos en mi familia. Durante las visitas, mi madre me contaba acerca de mi abuela Basilisa Valle y un conflicto familiar para cuidarla. Veía que siempre llegaba con el mismo asunto. Entonces, comencé a ver que mis familiares estaban teniendo un problema semejante al mío. No veían lo que pasaba porque sus PRIORIDADES y valores estaban desalineados. Todo era sus vidas personales: YO, YO, YO, pero nadie pensaba en el VALOR del tiempo de calidad que merecía mi abuela y el AMOR que ella se había ganado por el simple hecho de que Dios la usó a ella para traerlos al mundo.

Nadie sabe lo que tiene hasta que lo pierde. Al perder a mi familia, comencé a valorar los detalles de estar UNIDOS y la importancia del TIEMPO DE CALIDAD con la FAMILIA. Por eso, salí de la prisión con una visión de unidad familiar. Entonces, TODOS vieron la realidad y se reconciliaron,

TODOS. Un milagro en una noche gracias al poder de Dios. Hasta en tribunales estaban. Pero somos portadores de una FE que transforma, para bien, la atmósfera donde quiera que nos paramos.

Gracias a Dios pude disfrutarme a mi abuela cuando salí. Pude honrarla y darle todos los abrazos que merecía. También le dije todos los "te amo" y le pedí perdón de parte de toda mi familia. Fueron tiempos de gozo y de caricias, abrazos y besos. Tiempo de hacer junto a ella su famosa receta de "tortitas de harina". También fueron tiempos que nos unieron como familia. No puedo decir que se resolvieron todos los asuntos entre ellos, pero si puedo decir que la amé y le dejé saber todo lo que ella significaba para mí. El amor que porto, lo aprendí de mi vieja Bacy, doña Vianda, como le decía de cariño.

Mi abuela partió de este plano terrenal, pero sé que nos volveremos a encontrar.

¡Te amo mi vieja hermosa!

No puedo pasar por el alto el amor extraordinario que recibí de mi abuela paterna (María Mercedes). Entiendo la mencioné anteriormente, pero en este fragmento de historia, me es necesario honrarla y dejarles saber que es una mujer maravillosa. La Biblia que aún utilizo para leer y predicar, fue un regalo de ella. Su amor trascendió de tal manera que me visitaba a la cárcel de Guayama frecuentemente. Esta hermosa mujer, me entregó su ternura y su tiempo en aquel lugar de oscuridad donde muchos se olvidan de los presos. No me juzgaba, no me reclamaba, solo hablaba de la Palabra y de ver cumplido su anhelo de presenciar un reencuentro entre papi (su hijo) y yo. Esta hermosa mujer estuvo, como les mencioné, el día de mi salida esperando fuera de los portones para darme ese abrazo de victoria. Hoy día la visito, la llamo y le pido que me cante coritos cristianos. Tiene una voz celestial. Me ama y la amo, porque su amor estuvo libre de prejuicio. Ella me cuenta que cuando nací, fue a visitarme y sus ojos conectaron inmediatamente con los míos; y eso marcó entre ambos un amor sobrenatural. ¡No lo dudo para nada!

Mi madre y mis dos abuelas, fueron esas guerreras que se pararon en la brecha y me levantaron los brazos cuando más solo me sentía. Sus visitas a la cárcel, sus cartas, sus oraciones a la distancia; tuvieron resultados de restauración en mi vida. Fueron instrumento del Padre para que yo alineara mi camino. A ellas (después de Dios) les debo MUCHO. Son piezas fundamentales dentro de mi corazón.

Así que madre, padre, abuela (o), esposa (o); no dejen de clamar y creer que Dios lo puede hacer por sus seres queridos en confinamiento. Porque he visto la mano poderosa de Dios sobre mi vida; y sé que ellas fueron y son su instrumento. ¡Las bendigo y las amo!

EL PERRAZO

*U*na vez en la calle, buscamos la manera de dar ese primer paso que nos colocaría en el lugar perfecto para llevar nuestro proyecto del plano espiritual al plano material. Así que, con FE, compramos un arrastre de *fourtrack*. No teníamos mucho dinero y no podía comprar un *foodtruck*, así que me vi obligado a poner en práctica el poco conocimiento de soldadura que había obtenido en la cárcel un día que ayudé a soldar una escalera.

De esta manera, comencé a levantar en acero galvanizado y paneles de PVC. Tardé algunos cinco meses en terminarlo, ya que solo tenía dos manos y necesitaba ingeniármelas para poder aguantar una ventana y poner el tornillo y taladrar. Lo logré con una máquina prestada. Gracias a Dios, mientras lo tuve, nada se cayó. Al parecer lo monté bien, más la mano de Dios que siempre nos cubre. Además, me certifiqué en un curso corto de Permisología (OPDH), en Arecibo. Esto me ayudó mucho a descubrir la viabilidad de mi producto y trabajar en otras cosas en las que no había pensado, como los permisos que necesitaría para operar legalmente mi negocio.

Estarás deseoso de saber cuál sería mi producto. Pues, al fin y al cabo, el sueño que tuve aquella vez en la cárcel, me sirvió de inspiración. Inventé un *hot dog* envuelto con pechuga de pollo fileteada y tocineta con papitas fritas, carne de chili, kétchup, queso y salsa blanca, entre otras cosas. También me especialicé en *hamburgers* de 1/3 de carne *sirloin*, estilo restaurante, en plateo cambas. Para la gloria de Dios, dimos ese primer paso que sería necesario para comenzar nuestra obra.

Esta fue la puerta que Dios nos abrió para así dar paso a los próximos proyectos y bendiciones. Este humilde carretón, alimentó a muchos en la catástrofe vivida tras el paso del Huracán María (historia que narraré más adelante). Eso sí, solo fuimos aves de paso con el carretón, porque ya Dios tenía otros planes.

IMPULSO CERO

*D*e la mano de este proyecto, mi esposa y yo también estuvimos levantando la imagen de nuestro ministerio, al que llamaríamos DESDE CERO (@desdecero2017). Por razones de desconocimiento de los métodos para trabajar el registro, tuvimos que cambiar nuestro nombre a Impulso Cero. No se alejó para nada del propósito y planes de Dios para con nosotros.

Comenzamos visitando Costa Rica con el fin de dar a conocer nuestro proyecto de rehabilitación, de la mano de Dios, con la estructura del cooperativismo dentro de las cárceles, basado en los Mandela Rules. En Costa Rica visitamos la cárcel de mujeres Curling, allí entramos y compartimos con las mujeres privadas de libertad física. Fue una experiencia inolvidable, tienen hasta un área para madres con sus niños pequeños. Pudimos visitar sus cuartos, patios y área de recreación. Sin lugar a dudas, una de las experiencias más gratificantes que nos regaló la vida y nuestro Ministerio. Para nosotros fue un honor representar a Puerto Rico ante este Congreso Internacional. Siempre estaremos agradecidos de CURE International, quienes recibieron nuestra propuesta.

Luego de esta ponencia, fuimos invitados a varios lugares, como Las Vegas, Cuba, y África. Así fue como comencé a ver el cumplimiento de los sueños que había tenido en la cárcel. Pero aunque se abrían las puertas, aún no era el tiempo de entrar por ellas. Dios tenía algo reservado para nosotros que nos serviría como experiencia en el futuro: visitar estos lugares para establecer el Reino de Dios en medio de la necesidad, manifestando el AMOR de Dios y su MISERICORDIA.

Todo tendría continuidad al tiempo de Dios. Primeramente, nos era necesario vivir la necesidad directa de nuestro País. Nos llamaron a servir a los nuestros, para luego continuar la misión del mundo. Así hace Dios, como él quiere. Nos resta ser obedientes a su voz.

LA ESCUELA DE MARÍA

*E*l 20 de septiembre de 2017, un huracán categoría 5 llamado María, derribó a Puerto Rico. Cada institución gubernamental se inclinó ante su poder. Todo el país quedó sin energía eléctrica, y la mayor parte, sin agua. La comida en los sectores de la montaña llegaba por helicóptero, ya que los derrumbes habían cubierto las carreteras y no había paso. Más de un millón de puertorriqueños emigraron a otros países para mantener a sus familias, ya que muchas compañías quebraron y fueron destruidas por el paso de este poderoso huracán. Otras, como las cadenas multimillonarias, cerraron muchas de sus tiendas en el país.

Las filas para la gasolina eran kilométricas, sin hablar de los supermercados. Luego de dos o tres horas de espera para entrar, veíamos las góndolas vacías. La comida escaseó. Miles de personas se quedaron sin dinero para comprar porque en TODOS los bancos del país los sistemas habían colapsado y no había forma de hacer retiros de dinero. Esto duró algunas semanas. Hasta quienes recibían "los cupones" del Gobierno tuvieron que depender de las cajas de alimentos que los municipios facilitaban por sectores, ya que en los supermercados no había sistema. Todo esto sacudió la fe de miles de cristianos que fueron puestos a prueba.

¿Recuerdan que les mencioné sobre mi carretón, *El Perrazo*? ¡Esta fue nuestra mejor temporada! En casa nos preparamos congelando hielo en funditas pequeñas y llenamos un refrigerador de ellas con las carnes. Resulta que mi estufa era de gas y en medio de la gran crisis, pude suplir comida caliente. Estacioné el carretón en un puesto de gasolina y mientras la gente hacía fila, coordiné con mi gran amigo Josué para que hiciera delivery en bicicleta. ¿Pueden creerlo? Éramos los únicos dando ese servicio y la gente anhelaba algo caliente y una botella de agua fría. Esta gran cosecha nos abrió puertas para suplirnos y bendecir a otros. Todo tuvo un perfecto propósito. Por eso *El Perrazo*, siempre vivirá en nuestros corazones como ese proyecto que portó la gran bendición en medio de la crisis.

A través de nuestro Ministerio IMPULSO CERO, comenzamos a visitar los sectores que estaban menos afectados, donde las casas eran de cemento, con el fin de recolectar alimentos para aquellos menos afortunados que lo habían perdido TODO. De latita en latita, llenábamos la guagua cada vez que salíamos. El pueblo se dejó sentir en solidaridad y respondió al llamado usándonos como canal de bendición. Nosotros íbamos hasta donde ellos anhelaban llegar, pero no tenían la oportunidad.

Era una gran satisfacción saber que éramos personas que habíamos salido de la cárcel recientemente. Esos que, según las estadísticas, probablemente volverían a lo mismo, éramos parte de ese grupo de ciudadanos haciendo la buena obra; los que llevamos comida, ropa, zapatos y una palabra de esperanza y de fe, de consuelo y restauración para aportar a la consigna de aquel momento: ¡QUE PUERTO RICO SE LEVANTE!

Con estos actos de amor y solidaridad, estábamos sanando en la sociedad un poco de lo que habíamos corrompido con nuestras conductas delictivas. Luego de algunas semanas de trabajo arduo, la Iglesia Evangélica Misionera EL SHADDAI, con el pastor Sergio Chaparro y su esposa, la pastora Sonia

Colón, donde perseveramos, se unieron a los esfuerzos de recolectar alimentos para impactar al pueblo de Utuado, uno de los más afectados.

IMPULSO CERO crecía como Ministerio en medio de la necesidad, sirviéndole al pueblo de parte de Dios y manifestando la MISERICORDIA y la GRACIA de Dios, pero, sobre todo, capacitándonos para la obra misionera que nos espera en el futuro.

No hay palabras que describan lo que vivimos, no hay forma de poder escribir sobre páginas las lágrimas, los abrazos, las sonrisas, las caras tristes, los ojos apagados de los niños, la incertidumbre de los adultos, la carencia de los ancianos. En fin, no tengo forma de describir todos los sentimientos que afloraron de cada casa visitada, cada casa destruida, cada familia perdida en aquel silencio de aturdimiento que nos invadió por algún tiempo. Aun así, nuestro Ministerio se mantuvo de pie. Durante la semana mi esposa trabajaba y en ocasiones mi amigo y hermano Josué me acompañaba a buscar comida. Los fines de semana eran los días para mi esposa y para mí, buscar nuevos lugares para llevar alimentos, ropa, artículos de primera necesidad, un abrazo, una oración y una sonrisa.

No teníamos planta eléctrica, no tuvimos luz (en nuestra casa por 2 meses y medio), pero vivíamos en la satisfacción de servir. Agradecidos porque Dios nos suplía para suplir al menos afortunado.

Parte 4. Resistiendo la reintegración

LA IGLESIA

$\mathcal{E}$ste tema es delicado y no quiero trastocar las creencias de nadie. Solo creo que, al ser Dios mismo quien me buscó a mí en la cárcel y no yo a Él; fue Él quien me dio el hambre para leer su palabra y conocerlo. Esto me ha permitido tener la capacidad de juzgar, en el buen sentido de la palabra, a aquellos que no hablan de parte de nuestro Señor Jesucristo.

Cuando yo me congregaba en la iglesia de la cárcel, VIDA VICTORIOSA EN CRISTO (dentro de la cárcel), fue un poco difícil mantener la comunión con Dios en los cultos al comienzo, ya que al culto vamos con la única intención de ADORAR a Dios con el corazón LIMPIO y de recibir la PALABRA. Pero, en ocasiones, los mismos oficiales me identificaban como líder y me daban quejas de que veían a los presos en situaciones incorrectas durante el culto. Me reclamaban que si no quería que cerraran el anfiteatro, que era donde se daban los servicios, detuviera el problema.

Definitivamente, eso me robaba la bendición, pero hasta cierto punto me daba una rabia espiritual porque sabía que mi guerra no era contra ellos, sino contra las mismas tinieblas (Efesios 6,12). Entonces, adoraba con mayor intensidad. Si había estado adorando en voz baja, ahora lo hacía a voz en cuello, con todas mis fuerzas. Cerraba los ojos y buscaba que el ESPÍRITU SANTO me limpiara el corazón de esa molestia que me oprimía, para poder recibir mi bendición. Hasta que finalmente, luego de un poco de lucha en la adoración para conquistar y penetrar la atmósfera, la unción de Dios me tocaba y llenaba mi copa.

Entonces, iba a donde esos que no estaban muy encarrilados dentro de la iglesia, y con esa llenura de la bendición, los abrazaba y les daba una palabra con amor. Trataba de inculcarles temor de Dios y hacerlos conscientes de que la iglesia es un lugar santo. Y ellos se iban contentos, y yo, con mi conciencia limpia. Sin embargo, debo confesar que muchas veces mi oración era: "Señor, ¿cuándo me vas a rodear de gente JUSTA?" Así que siempre estaba en mi corazón un anhelo de congregarme en la libre comunidad, con los hermanos que aman a Dios, como los recursos que venían con ese amor y decencia a predicar y a demostrar que Cristo es real y que vive en ellos (Salmo 133).

Yo me gozaba con la idea de que TODOS los hermanos en la iglesia de la calle eran así. Pensaba de esta manera porque, de adulto, yo no visitaba la iglesia ni por accidente. Una sola vez comencé asistir, porque que tenía una novia que me obligó a ir a la iglesia católica de la plaza del pueblo.

Gracias a que Dios ya me había instruido en la cárcel sobre lo que era AMAR AL PRÓJIMO, y sobre todo... DEMOSTRÁRSELO. Cuando salí a la libre comunidad, comencé a entrar en unos procesos con los que entendería que la iglesia era un hospital de personas que Dios había sanado. Comprendí, además, que había otras enfermos y que Dios los quería sanar, y que si estaban ahí, era porque tenían la esperanza de que, como decimos, Dios los tocara.

Sin embargo, tuve una pequeña DESILUSIÓN con relación a mi anhelo de que Dios me rodearía de gente JUSTA que me ayudaría a CRECER. Dios me enseñó que Él no nos llama solo a rodearnos de gente justa, sino a SERLO, porque nos metemos ideas en la cabeza que no van acorde con el plan de Dios para nosotros. Comprendía que el ministerio del ESPÍRITU SANTO (Juan 16, 13) es el de SANTIFICAR LA IGLESIA y que la SANTIDAD es PROGRESIVA; que la santidad no es otra cosa que apartarse del MAL y que cada vez nos apartaremos más y más por el redargüir del Espíritu Santo.

Descubrí que la palabra nos habla de que el camino es angosto (Mateo 7,13) y que NO todos entrarán en él. He ahí el EFECTO EMBUDO, que yo lo comparo con una botella, porque en el medio de la botella, ahí es donde estuvimos TODOS, espiritualmente hablando.

Una de las parábolas de JESÚS enseña que el Reino de Dios es semejante a una red en la que se recogen peces buenos y malos (Mateo 13,47). Ahí estamos todos los "peces", y solamente los que nos esforzamos lo suficiente en lo espiritual; seremos capaces de negarnos a las obras de la carne y así podremos entrar por la parte estrecha hasta su reino y seremos especial tesoro.

En ese proceso fui aprendiendo que, por encima de la molestia que podamos sentir con los hermanos, es vital dejar fluir el AMOR de Jesús a través de nosotros. Es en ese momento, cuando comenzamos a vencer el malestar que nos deja el hermano que no nos saludó, pero nosotros sí, y lo hicimos con amor; o el otro que nos miró serio porque estaba acabándose de levantar el domingo en la mañana. Entonces, por gracia de Dios, sonreímos y es en ese instante cuando comenzamos a VENCER AL MAL CON EL BIEN (Romanos 12, 21), y evidenciamos que la RESPUESTA APACIBLE APLACA LA IRA. (Proverbios 15, 1-2).

La palabra nos enseña que al Reino de Dios solo entrará lo espiritual, que ni la carne ni la sangre lo heredarán (1 Corintios 15, 50). Y esa parte está al otro lado del efecto EMBUDO. Además, nos muestra que el Reino de Jesucristo no está solamente en los Cielos —y lo veremos cuando se separen los tres elementos en la muerte—, sino que Él dijo que el REINO estaba ya ENTRE nosotros.

También dijo que el Reino de los Cielos sufre violencia y que solo los VALIENTES (Mateo 11, 12) —en otras partes dice "VIOLENTOS"— lo arrebatan. ¿POR QUÉ? Porque no todos están dispuestos a sacrificar sus emociones y sentimientos para darle vida a la PALABRA en sus vidas. No todos están dispuestos a MENGUAR para que Jesucristo CREZCA EN ELLOS.

Muchas veces, a quienes anhelamos vivir una vida de SANTIDAD (Hebreos 12, 14), ser ADORADORES EN ESPÍRITU Y VERDAD (Juan 4, 23), ser una iglesia sin MANCHA ni ARRUGA (Efesios 5, 27) y guardar su Corazón para que, ya sea que la muerte nos sorprenda o Cristo venga, nos halle IRREPRENSIBLES (1 Tesalonicenses 5, 23), como lo pide el Señor, nos tildan de "EXTREMISTAS".

EXTREMISTA: aquel que no se saca las cejas porque eso es "santidad" o aquel varón que no se pone un pantalón corto para que no le vean su desnudez y lo único que se le ve es la espinilla (Mateo 15, 9 y 1 Timoteo 4, 16). PERO, si esto fuera así, entonces, ¿cómo les llamamos a los mártires (solo aclaro) que, como Esteban, se dejaron apedrear por el evangelio hasta la muerte, o a un Pedro que se dejó crucificar bocabajo, o a Juan el Bautista, a quien, esperando que Jesús lo rescatara de la cárcel, por medio de la fuerza lo decapitaron y sirvieron su cabeza en una bandeja de plata? Y ni hablar del camino hacia el GÓLGOTA por el cual nuestro Señor pasó y derramó su sangre para lavar NUESTRAS TRANSGRECIONES. ¿Por qué no huyeron?

NO huyeron porque no se dejaron vencer por el mal que les hacían. Pedro (según los historiadores) dijo que no era digno de morir como su maestro, Jesús le rogó al Padre que los perdonara porque no sabían lo que hacían, y Esteban, igual que el maestro, clamó por sus asesinos (Lucas 23, 34 y Hechos 7, 55-60).

Creo que no tenemos una excusa para llegar a la congregación y, luego de ver las imperfecciones de los pastores y de cada hermano, huir porque no nos hacen sentir CÓMODOS. Estoy

64

convencido de que la congregación es para ejercitar el AMOR de la IGLESIA.

Yo escribo estos detalles porque mi anhelo es que este humilde libro llegue a manos de mis hermanos que están perseverando en la cárcel y que los que no conocen a Dios sepan que tienen una oportunidad en Cristo de comenzar una NUEVA VIDA:

"De modo que si alguno está en Cristo, nueva criatura es; las cosas viejas pasaron; he aquí todas son hechas nuevas" (2 Corintios 5, 17).

Porque Dios es REAL. Y los que ya le sirven dentro de la cárcel, al igual que yo en algún tiempo, entiendan una cosa: ser líder no es hablar por el micrófono, sino ser luz donde quiera que te pares, y dar testimonio con TU ejemplo en la congregación y fuera de ella, especialmente fuera de ella.

A los que están en la libre comunidad, por favor, si Dios te sembró en una casa y ves cosas que no están bien, no seas parte del problema analizándolo y compartiéndolo. Eso se llama murmuración y NO le es agradable a Dios. Mejor sé parte de la solución. Ayuda al pastor, ORA y AYUNA para que sea fortalecido hasta que Dios te dé la victoria. ¿Cómo? Cambiándole el corazón a ese hermanito o hermanita que está torcido, porque Dios, o lo arregla o lo usa para que TÚ crezcas, porque en el Señor hay vasos de DESHONRA y vasos de HONRA.

"Pero en una casa grande no solo hay vasos de oro y de plata, sino también de madera y de barro; y a sí mismo, unos para honra y otros para deshonra" (2 Timoteo 2, 20).

Todas las cosas obran para bien. Sea usted ESPECIAL TESORO y guárdese irreprensible para el día del Señor.

"Y serán para mí especial tesoro, ha dicho Jehová de los ejércitos, en el día que yo actúe; y los perdonaré, como el hombre que perdona a su hijo que le sirve" (Malaquías 3, 17).

Y, sobre todo, mantenga la unión familiar Y LA BUENA VOLUNTAD en la congregación de los santos. Recuerde que la verdadera FUERZA está en la UNIÓN a través del vínculo de la PAZ. Una casa dividida no prevalece, sino que cae (Lucas

11, 17-23), y usted no desea que su congregación sea vencida por el infierno. No se preocupe de que caerá por aquel. Vele, porque si usted está firme, no caerá. Si queremos cambiar a los demás, busquemos mejorar NOSOTROS primero. Entonces, luego que suba el escalón...¡Ayude a subir! (Mateo 7, 1-5). Lo más maravilloso de la Iglesia es que el gozo que nos ofrece el Señor NO es como el mundo lo da (Juan 14, 27).

HERMANDAD, es eso precisamente lo que verán aquellos que aún permanecen en las calles de la vida intentando encontrar a un amigo y lo que recibe son desilusiones. Aquellos que buscan la paz, la tranquilidad, y no la encuentran, la hallan en LA UNIDAD. Precisamente es eso lo que sorprende al inconverso y trae de vuelta al que se ha apartado.

Yo aprendí que AMIGO ES CRISTO. Así que un cristiano REAL es un amigo (Proverbio 17, 17). Por su puesto, por sus frutos los conoceréis (Mateo 7, 20). Porque, como dice el salmo 133: "Es deleitable habitar los hermanos JUNTOS y en ARMONÍA". Una iglesia madura es un lugar donde se siente El AMOR FRATERNAL. Ante una Iglesia así, NINGÚN arma forjada contra ella PROSPERARÁ. Aun así, el gran apóstol Pablo levantó iglesias y los monitoreó, pero eran niños espirituales, por lo que era bien difícil mantener la unidad en el espíritu (Efesios 4, 3-4).

Así que he visto que una iglesia joven y donde se presentan situaciones conflictivas ES el lugar donde más crecerán en el espíritu. Crecer en el conocimiento es bueno, pero crecer en la práctica de la vida te brinda revelación del conocimiento y profundidad de entendimiento. No he querido criticar la congregación de los santos, sino hacernos conscientes de que allí donde hay mayor aspereza, hay mayor y oportunidad de AMAR.

Recuerda siempre: tú eres la sal del mundo y a ti es a quien Dios quiere usar como una lumbrera encendida (Mateo 15, 13-16). Procura ser MANSO y HUMILDE como Jesús, y guarda tu salvación con temor y temblor de perderla. Y si aún hoy no eres SALVO, corre a los pies del Maestro, sé su DISCÍPULO, aprende, nútrete de la palabra y hazte partícipe de su herencia.

Lucha por lo que te corresponde en la vida. Dios ha trazado un camino para que recibas cada promesa.

¡Te bendigo en el nombre de Jesús!

LA SOCIEDAD Y MIS TATUAJES

*Q*uizás yo no sea la persona más preparada para traer un análisis poderoso con el que pueda proyectar con palabras específicas lo que debe de tener su nombre, pero solo quiero compartir lo que siento.

Durante mi tiempo de confinamiento, uno de los ERRORES MÁS GRANDES fue tatuarme la cara, el cuello, ambas manos y las piernas. El tatuaje de la cara era pequeño, pero tenía un significado de DELINCUENTE tan GRANDE que las personas no podían disimular al verme. Era la famosa lágrima de los presos.

La lágrima marcada en el rostro de los presos, puede tener varios significados. Para alguien que no sepa mucho, pero haya escuchado algo de lo mal que se pasa en la cárcel, puede tener como significado que lo han VIOLADO. Entre las personas que entran y salen de la cárcel con sentencias menores, pues tiene otros dos sentidos: "PERDÓN, MADRE MÍA" o HABER LLORADO POR LA PÉRDIDA DE UN SER QUERIDO. Y entre las personas que son asesinos de verdad y personas que están en gangas, sobre todo en Estados Unidos, quiere decir QUE HAS MATADO o indica el NÚMERO DE PERSONAS QUE HAS MATADO.

Pero volviendo a mi historia, esta comienza en LA SUMARIA (cárcel de tránsito) donde entré con los primeros diez años de sentencia, a los 18 años de edad. Pensaba que estaría preso toda la vida y me esforcé en ser MÁS MALO de lo que era antes, porque tenía que imponer respeto. Peleaba con oficiales, con los mismos confinados y hasta con mi sombra.

Como estábamos cerca de la cárcel de los adultos, yo veía en el patio, durante la recreación, que algunos tenían la cara toda tatuada literalmente. En aquel momento, pensaba que eso daba cierta IMPRESIÓN y me decía: "Esa persona está bien aborrecida y mata a cualquiera". Y esa era precisamente la impresión que yo quería provocar: INTIMIDACIÓN. Un MECANISMO DE DEFENSA para que las personas no se atrevieran a buscarse problemas conmigo. Así que llevaba de la mano mis tatuajes con mis palabras y acciones. Eso me hizo PELIGROSO en aquel tiempo.

Así que decidí que me haría una lágrima en la cara. ¿Por qué? Te diría que porque me quería ver más malo. Ese era mi significado. Un muchacho tenía una técnica para tatuar reconocida por los menores, que es con un clip, una cuchara y la tinta de humo, así que decidí hacérmela. Y básicamente, esa es la historia de la lagrimita.

Luego, ya sentenciado, estando en las máximas, no por mi sentencia, porque era de mediana seguridad, sino por lo peligroso que me convertí para la Administración, me subieron la custodia de seguridad. Y estando en una celda solo, sin nada que hacer y conociendo una técnica tan fácil para tatuar, comencé a practicar conmigo mismo. Empecé por las piernas, y luego, ya en los adultos, terminé marcándome un brazo completo de carabelas y demonios. En mi oscuridad e ignorancia, quería verme siempre MÁS MALO. Después seguí con el otro brazo, que no lo terminé, pero ya iba por la muñeca. Finalmente, pasé al cuello, donde me tatué unos signos musicales, pues me apasionaba la composición de la música.

Me parece que ya debes tener una idea de cómo me veo. Y te confieso esto abiertamente: ME ARREPIENTO totalmente de cada uno de mis tatuajes, porque me afectó al salir.

De hecho, al salir fui a darme LÁSER para borrar la lágrima de mi rostro, y al día de hoy solo me queda el recuerdo. Mi esposa consiguió un lugar en Aguadilla, que borra los tatuajes del rostro a personas que han salido de prisión. Ella lo hizo libre de costo. ¡Dios la bendiga! Ya para el resto de mi cuerpo es un asunto más complicado, difícil y doloroso. Literalmente estoy forrado de tatuajes y eso me reta en ocasiones cuando me miro. Pero también sé, que es parte de la historia que debo contarle a muchos. Tengo grabado sobre mi cuerpo muchas historias pasadas que me sirven para mostrar a otros, los resultados de las decisiones incorrectas que podemos tomar.

Cuando levanté el carretón de comida, como era comerciante y persona que brega con dinero, los tatuajes tienden a confundir o levantar prejuicios entre algunas personas. Recuerdo que llevaba siempre una carterita de cintura para el petty cash, y eso en la calle está muy relacionado con las armas, ya que en este tipo de carteras se puede guardar una fácilmente. Definitivamente al comienzo, atraje la vista de muchos que se les notaba en su rostro la incomodidad que le provocaba mi presencia.

Te podrás imaginar que soy un imán para atraer miradas. Llegaba a los lugares y, automáticamente, los guardias de seguridad hacían su trabajo en el banco donde hacía los depósitos. Un día, el oficial que solía estar de turno se había ausentado y había otro en su lugar. Así que cuando me estacioné donde normalmente lo hacía, que es cerca del cajero automático, el oficial me indicó: "¡Tienes que mover el carro!", todo en un tono muy serio. Yo, sin discusión alguna, lo moví, y cuando me vio haciendo la fila, me dijo: "Tú sabes, por los asaltos y eso". Para mí fue un golpe bajo, pero le respondí: "No te preocupes, ¡Dios te bendiga!"

Otra experiencia vivida fue en el supermercado. Venía desde el estacionamiento caminando de prisa y, de igual forma, el oficial que de costumbre estaba se ausentó. Su sustituto, desde que me vio, entró primero que yo y me lo encontré como tres veces por los pasillos de las góndolas. Cuando estaba ya pagando, se paró en la salida. Literalmente, no disimuló, y cuando salí, le dije: "¡Dios te bendiga!". Entonces, me miró con ojos de confusión.

Con frecuencia, al hacer filas, las señoras hasta agarran sus carteras. Pero cuando abro mi boca en bendición, es como si la luz que hay en mí resplandeciera sus tinieblas y hasta me echan las bendiciones.

En medio de ese proceso, mi pastor hizo algo que es de un GRAN HOMBRE. Me dijo que lo perdonara y, profundizando en el tema, me confesó que se había PREJUICIADO de alguna forma conmigo. Le respondí que, desde que yo estaba en la cárcel, ya Dios me había capacitado para entender que me tenía que acostumbrar a la idea de que las personas me pondrían A PRUEBA constantemente por razones obvias. Total, la PALABRA dice: "Por sus frutos los conoceréis". Así que, con el tiempo, me gané la CONFIANZA de las personas que me rodean.

El mismo apóstol Pablo persiguió a la Iglesia y participó en la muerte de algunos cristianos, pero cuando tuvo un encuentro con Jesucristo y su vida cambió drásticamente, al principio nadie confiaba en él. Sin embargo, los frutos fueron hablando por sí solos, pues fue él a quien Dios inspiró para escribir la mayor parte del NUEVO TESTAMENTO.

Alguna vez escuché, y es muy cierto, que las personas pequeñas de estatura tienen que esforzarse mucho más que las grandes para lograr algunas cosas. Mientras a una persona grande le toma diez pasos llegar a un punto determinado, a una pequeña le toma el doble. Y así nos pasa a los exprisioneros y a los que salimos con tatuajes que nos marcan como delincuentes en la sociedad. Somos como las personas pequeñas: tenemos que hacer un esfuerzo mayor para hacer ver que somos una persona confiable.

Enmendar tu vida, al menos construir un piso firme donde comenzar a construirla de NUEVO, te costará el doble del tiempo que te tomó llevarla a ese desastre. Y esto ya es fuerte, de por sí, para las PERSONAS "NORMALES". ¡Imagínate cuánto más cuesta arriba lo será para quienes hemos estado confinados! Pero tengo muy claro que si me esforcé, perdí e invertí mi tiempo en la delincuencia y recibí el pago de una juventud perdida en la cárcel y "BREGUÉ CON ESA", como decimos, pues tengo por JUSTO esforzarme, sacrificarme e invertir mi tiempo para bien. Y la satisfacción que me queda de esto último es que obtendré mucho mejor recompensa de lo recibido por causa de mis actos en el pasado; ahora por el bien de mi futuro y el de mi familia. Así es que somos como las personas pequeñas de la sociedad.

Pero si salimos de donde nos metimos, y SUPERAMOS esa caída, tenemos la oportunidad de ser GRANDES, y aún más grandes en nuestra HUMILDAD y SERVICIO de ayudar a que otros no caigan, o si ya cayeron, mostrarles el camino para salir.

Una de las cosas que debemos tener claras cuando un confinado sale a la libre comunidad es que la sociedad está estructurada sobre unas leyes y su JUSTICIA. Sin embargo, tenemos un problema: la realidad es que son muy pocas las personas que ven desde la perspectiva de la justicia. Y es necesario entender este punto, porque fue precisamente lo que vino a hacer JESUCRISTO: traer la VERDADERA JUSTICIA, la cual se cumple dentro de nosotros por AMOR. Es por amor que la manifestamos con buenas obras en el exterior, para la gloria de su reino ya establecido. Pero los que no obran en este principio de su reino son, como dice su palabra, "HIPÓCRITAS". (Aclaro que no me refiero a quienes no le sirven a Dios, porque escrito está que el Señor vino a buscar a los enfermos, no a los que estaban sanos). Son como SEPULCROS BLANQUEADOS: limpios por fuera, pero por dentro están llenos de podredumbre, maldad, iniquidad e injusticia. Porque la ley los obliga a hacer las cosas, aunque no las sientan en su corazón con amor. (Mateo 23: 27-28).

Esto puede sonar un poco fuerte, pero esa es la FE, aquella que a mí me fortaleció en el amor para resistir la maldad que pueda haber en las personas que están en tinieblas, aun sin juzgarlas, porque como no lo hacen con amor, lo hacen de mala gana.

Por eso es mi gran deseo que tú, hermano (a) que estás en la cárcel o que ya saliste, o tú, que no le sirves a Dios, pero tienes un sentido de ser justo y quieres ser mejor persona; escudriñes la palabra de Dios para que crezcas en gran manera. Si lo hizo conmigo desde el fondo, imagínate lo que hará contigo, que ya has recorrido bastante camino.

Hay un versículo que dice: "La honra del hombre es pasar

por alto la ofensa" (Proverbios 19, 11). Cuando crecemos y nos ejercitamos, logramos evadir los ataques de las tinieblas, de la misma manera como un boxeador esquiva los golpes de su contrincante, porque las palabras y las actitudes hieren. Así que no recibas esos golpes de personas inmaduras directo al corazón.

Para poder sobrellevar esta reinserción a la sociedad o a la vida, debemos ejercitarnos y desarrollar una defensa apropiada. Ahí es donde entra la FE, que me ha capacitado y me ha dado sus armas y estrategias espirituales —no carnales, ni físicas—. Y cuando digo la fe, no me refiero a creer en Dios, sino a creer y poner en práctica su palabra y caminar en su senda.

Creo que lo resumiré de la siguiente manera: la sociedad es FUERTE. Como dice la palabra: "El Reino de los cielos sufre violencia, PERO SOLO LOS VALIENTES LO ARREBATAN" (Mateo 11, 12). Algunas personas DESILUSIONAN, prometen y NO CUMPLEN; son menos los que te quieren ayudar y más los que te harán la vida DIFÍCIL. Por estos últimos ora, y demuéstrales que eres un caballero o una dama.

Definitivamente, los AMIGOS se cuentan con una mano y, literalmente, te sobran dedos. Nunca dejes que los amigos te escojan; escógelos TÚ a ellos. Valora cada dólar y procura gastar solo lo NECESARIO. Establece PRIORIDADES, pues al salir de la prisión te sobrevendrán tiempos económicamente fuertes. Pero, tranquilo (a), luego de algunos años de mucho trabajo fuerte —porque resultará un poco difícil que te den un trabajo bueno con el récord "dañado"—, si eres perseverante y buen administrador, ten por seguro que echarás hacia adelante.

Valora a tu FAMILIA, mantenla unida y, si no quieren, demuéstrales amor a TODOS. Esfuérzate en amar aún más a los difíciles y tendrás recompensa por ello. Procura conseguir una buena pareja, que te ayude a crecer como persona y que cuando hagas las cosas mal, no te pase la mano, sino que te lo diga; "ESCÚCHALA". Que te demuestre con muchos BESOS de corazón y ABRAZOS sin tiempo, cada día, lo mucho que te ama, porque ESTAMOS FALTOS DE AMOR.

"Persigue PRIMERAMENTE el Reino de Dios y su JUSTICIA, y las demás cosas vendrán por añadidura" (Mateo 6, 33).

NIVELES SOCIALES

A sol de hoy, van algunos años que han transcurridos desde que comencé a redactar mi libro, en el que recopilo parte de mi historia. La realidad es que todo se ha complicado, me explico: Luego de 12 años de sentencia y casi 8 años de confinamiento, todavía hoy, aun reinsertado en la sociedad, vivo y lucho con algunas de las huellas que dejaron en mí las experiencias traumatizantes que experimenté. Porque la cárcel no es un asunto fácil de superar y aun cargo con temores, complejos, inseguridades, entre otras cosas.

A esta fecha de escribirles estas líneas (2021), llevo 4 años y 8 meses fuera y con las fuerzas de Dios lo he sobrellevado como todo un campeón. Van como 4 intentos de publicar el libro y por razones que parecen no ser lógicas, no ha sucedido. ¿Saben por qué? Porque el tiempo del Señor es perfecto. Me ha sido necesario trabajar diferentes etapas para poder escribir con más claridad y con más sustancia estas líneas. Necesitaba ser procesado y ganar desde $1 por un día de trabajo (literalmente), hasta buen dinero. Tenía que explorar las diferencias en los niveles sociales para tener el conocimiento pleno de lo que quiero expresarles.

Cuando comenzamos a superarnos, socialmente hablando (me refiero a los niveles de estratos sociales), podemos percibir con otra visión óptica. Daré algunos ejemplos de lo más bajo, hasta arriba en la escala social; tomando en cuenta la posición económica, los principios, los valores y el poder adquisitivo. Quizás se pueda añadir el nivel de estudios académicos. Todo ello es a lo que me refiero cuando hablo de definir el estrato social.

En el bajo mundo de la cárcel:

- El deambulante de los semáforos (que tiene una adicción crónica), pobre, sin familia y cae en la cárcel. Este es la más triste de los niveles que conozco.

- El confinado que no tiene ingresos económicos: no tiene ningún beneficio ni lujos, como tomarse un refresco o un dulce. Tampoco sabe de la ropa buena "de marca" y duerme en los catres más finitos.

- El confinado pudiente: está cómodo en la cárcel, su autoestima está un poco mejor, no tiene adicciones y la familia lo visita.

Fuera del ambiente de la cárcel:

- **Los deambulantes:** Que aclaro, no todos sufren de trastorno de abuso de sustancias. Pueden ser personas con algún trastorno de salud mental, entre tantas otras situaciones.

- **El criminal que está en la calle:** Siente que es superior porque está seguro de que no es tan tonto como el que cayó en la cárcel.

- **El pobre desesperado:** Ha pasado de ser pobre a convertirse en un criminal por "necesidad". Esto ocurre, por ejemplo, cuando su familia tiene hambre y se ve sin herramientas para suplirles.

- **El que recibe asistencia del gobierno:** Porque su humilde trabajo no le es suficiente o no consigue trabajo.

- **El de clase media baja:** Trabaja y trabaja, pero su sueldo da exacto. Muchas veces no se puede dar un gusto. No cualifica para ayudas y tiene que pagar su plan médico, medicamentos, entre otras tantas cosas.

- **Clase media alta:** Tienen buenos trabajos, pagan su casa, los gastos de luz, agua, auto. Todo lo tiene al día, y pueden ahorrar. Pueden ir a los parques de diversiones famosos o a un crucero para liberar el estrés, por lo menos una vez al año.

• **Clase alta:** Cuando tienes el poder adquisitivo para viajar y darte lujos constantemente, sin ahorrar, porque luego de pagar tus gastos mensualmente, les sobra casi todo el salario. Además, mantienes una buena suma de miles de dólares en su cuenta de banco permanentemente.

¡Así lo veo yo!

Ahora bien, para aclarar mi punto de vista, lo que quiero mostrar es que, en primer lugar, ya Dios me liberó de mis erróneas creencias del pasado, ha encaminado mis pasos por el sendero del bien y me ha mostrado que su gloria y su salvación son reales. Para mí, este es el mayor tesoro, mediante el cual experimento su palabra que dice: "Perseguid el Reino de Dios y su justicia, y las demás cosas vendrán por añadidura" (Mateo 6, 33).

Salí de la cárcel y Dios me bendijo con una gran esposa. Levantamos un pequeño negocio para autoemplearme y estudié corrido electricidad (luego les cuento el resto de estudios y certificaciones que he obtenido en el camino). Sin derecho a incentivos, sin derecho a becas. Con el esfuerzo y sacrificio necesario para levantarnos.

Luego de aproximadamente un año de iniciado el negocio, era mi esposa quien cargaba con la mayor parte de los gastos y de las salidas como pareja. Es importante para mí que se entienda cómo, hasta cierto punto, aunque no me sentía como un mantenido, mi orgullo de hombre me hizo sentir incómodo, pues el carretón solo me daba para mis gastos personales. Y como bien comprenderás, esta no es la vida que tú le quieres dar a tu familia. Te lo cuento porque es necesario entender que todo esfuerzo conlleva un proceso, que toma tiempo levantarse y no podemos pretender correr sin antes caminar, porque estamos comenzando DESDE CERO, literalmente. Así que, grábatelo: la palabra clave es CALMA.

75

¡Entiendo mi proceso! Yo llegué hasta lo más bajo de la sociedad debido al camino que escogí, porque no me dejé aconsejar bien. Yo dañé mi imagen, mi honra, mi credibilidad. Mi vida fue abatida por los vientos del huracán de mi juventud ignorante. Reconstruirla de vuelta no sería fácil, pero te aseguro que según me sigas leyendo, verás cómo Alan se levantó.

No estudié cuando me tocaba, no tenía ningún oficio. Reconozco que permití que mi corazón se alineara al mal y eso aprendí a hacer. Pero ahora que quiero hacer el bien, veo que es más complicado hacerlo, no porque no quiera, sino porque perdí tanto tiempo, que me han tomado años restaurar el camino. Pero eso no lo hace imposible y hasta aquí me ha ayudado el Señor.

Así lo entendí. Y hoy debo confesar que llevo bastante camino recorrido, no en términos de tiempo, sino por todo lo que he reconquistado con determinación a favor del bien en lo más profundo de mí. ¡Gracias a Dios, que me abrió los ojos antes de que pudiera morir!

PROFESIÓN Y TRABAJO

Comencé a estudiar Electricidad con Energía Renovable y PLC en marzo de 2018, durante las noches, mientras trabajaba el carretón de comida por el día. Descubrí que me gusta la idea de tener una profesión y que me apasionaba el tema. Terminé la carrera con honores. Puedo decir que ha sido una gran bendición utilizar mi mente para el bien y ver que funciona mejor que para el mal.

Recuerdo que un día, trabajando en el carretón, llegó un cliente y comenzamos a hablar de electricidad porque me vio estudiando. Me preguntó sobre qué estudiaba. Comenzamos a dialogar y al final terminé dándole mi testimonio.

Luego, como una semana después, me llamó para una

oferta de trabajo como ayudante de perito electricista. No lo pensé dos veces y me lancé. Lo interesante fue que no caí en el grupo en que él trabajaba, sino que me terminó contratando una compañía reconocida en la industria de la construcción en Puerto Rico. Todo fue un éxito en la entrevista, y dentro de la compañía, comencé a desarrollarme como electricista. Entonces, me certifiqué como Safety de OSHA y comencé a desarrollar otros talentos, como soldadura, *Gypson Board*, albañilería y hasta carpintería. Mis habilidades y mi forma de ser me colocaron rápido en gracia con los ingenieros, con los supervisores y con los clientes. Fue entonces cuando comencé a estar cerca de ellos, hasta en conversaciones que no necesariamente me incumbían, siendo yo un simple ayudante.

Esta nueva experiencia laboral me hizo escalar un poco y llegar a otro nivel económico, y por lo tanto, social. Considero que mi esposa y yo estamos entre los que podemos ahorrar y esta ha sido la clave del éxito. Podemos darnos un gusto de vez en cuando, porque hemos sido esforzados en nuestro proceso de ser concientes con el dinero. En estos últimos meses, he tenido la oportunidad de socializar con personas de un ambiente de mayor nivel socioeconómico. Al menos en mi caso, porque mi esposa es toda una profesional y, normalmente, puede dar cátedra en la más alta clase social y etiqueta de caminar entre reyes. Yo aprendo mucho de ella. Pero todo esto no nos hace despegar los pies del piso y comprender que la prioridad es el Ministerio, no los lujos. Somos muy esforzados y trabajamos para la obra de Dios. Podemos estar entre "la alta sociedad" de vez en cuando, pero sabemos que la humildad es lo que realmente posiciona en el reino de los cielos. Mientras otros piensan en casas caras, carro nuevos y ropa de marca; nosotros nos centramos en trabajar para bendecir misioneros, proyectos cristianos, deambulantes, personas con trastorno de sustancias, entre otros proyectos. Nuestra clase social la clasifico como: Separados para Cristo. Sabemos tener y sabemos no tener. Eso es de sabios.

Y en esos círculos sociales altos, me he encontrado en medio de ese "ambiente social" en el que para no despertar el rechazo y los prejuicios, he optado SENCILLAMENTE por HACER SILENCIO con relación a mi experiencia en la cárcel, los tatuajes, mi falta de estudios y toda mi vida pasada. Solo me presento como el hombre de valores en el que hoy, gracias a Dios, me he transformado. Sin embargo, en ocasiones esto me hace sentir incómodo, pues siento que miento, que oculto quién soy y cómo llegué a serlo. Aunque también sé que no es algo que deba gritarlo a los cuatro vientos todo el tiempo, ni algo por lo que sentirme orgulloso. Por eso, hoy entiendo a algunos conocidos que alcanzaron títulos de maestría y doctorado, con buenas profesiones, y nunca quieren hablar abiertamente de su experiencia en la cárcel.

Con esto quiero decir que no es necesario publicar en el periódico que estuviste en la cárcel, a menos que Dios te llame a trabajarlo de esa manera. Pero tampoco haber estado en la cárcel es una excusa para NO superarse en la vida.

Hoy han transcurrido 1 año y 7 meses desde que terminé mi sentencia. La ley dice que, luego de cinco años de terminada tu sentencia, tienes el derecho de borrar tus antecedentes penales. Así que ya me queda menos para EL PAPEL. Sin embargo, tengo muy claro que no tengo que esperar a que mi récord se limpie para limpiar mi corazón y mi mente. Ya no puedo pensar que soy un EXCOFINADO, porque sería un pensamiento LIMITANTE dentro de mí.

Aunque hoy, a menos de la mitad del camino, ya lo entiendo, me afecta el hecho real de que, para evolucionar en la sociedad debo hacer silencio. Con esto quiero decir que "el proceso pica", porque llegará el tiempo cuando hablaré de mi pasado y solo será una historia que contar, pero HOY TODAVÍA ES MI REALIDAD.

¡PARA QUE NO TE DISCRIMINEN LOS DEMÁS, DEBES
DEJAR DE DISCRIMINARTE A TI MISMO!
Alan Vicéns Lugo

SUEÑO CON JESÚS

Antes de estas líneas, la última vez que me senté a escribir sobre la sociedad y cómo me sentía fue hace algunos años atrás. Hoy me hago consciente de que este libro no solo es parte de mi historia, sino de mi reintegración a la sociedad, como herramienta para desahogarme, mostrar lo que siento en un papel y trabajarlo conmigo mismo. Me alegra que tú seas parte de esta experiencia tal cual la viví.

Hace algún tiempo tuve un sueño maravilloso de Dios. Veía a Jesucristo crucificado. Estaba en un lugar como un camino. El día estaba nublado y había vientos como de tormenta. Un hombre venía caminando, como siendo empujado por los vientos. Llegó hasta donde estaba Jesús y le dijo: "Yo quiero ser tu discípulo". El cuerpo de Jesús se veía inmóvil de tanto dolor, su corona de espinas era tan dolorosa que sus gestos faciales le provocaban aflicción. Jesús, con una paz y una tranquilidad hermosa, le respondió: "Si quieres ser mi discípulo, quédate aquí conmigo y resiste los vientos". La persona tomó un manto que tenía, ya deshilado por los fuertes vientos que lo azotaban, como cuando se desgarra una bandera, y con valentía se paró firme frente a Jesús, se cubrió con él, resistiendo los vientos que lo sacudían, y allí permaneció.

A continuación, te comparto mi interpretación. Los vientos representan la maldad que hay en el mundo. Las primeras palabras que llegaron a mi mente fueron PACIENCIA, TOLERANCIA, PIEDAD, MISERICORDIA, como si Jesús me dijera: "¿Quieres ser mi discípulo?, pues la primera enseñanza está en que debes trabajar profundamente con tus CORAJES, CON LA IRA, LOS ENOJOS, CON LA IMPULSIVIDAD, para que no tomen control sobre tu vida en las situaciones negativas con las que te golpea la maldad".

LA VIOLENCIA Y LA IMPULSIVIDAD

*C*on relación al tema de la ira y el enojo..., yo diría que la VIOLENCIA fue uno de los factores más importantes a considerar dentro de mi desvío. Me gusta la palabra FRACASO porque sin él, no hay ÉXITO. La violencia, de la mano con la IMPULSIVIDAD, fueron mi "falso norte" para llamar la atención y sobresalir en el mundo de la cárcel y la calle. Pero doy gloria a Dios por sus enseñanzas, entre ellas el tan mencionado AYUNO. Hasta el sol de hoy ha sido mi mejor arma para luchar en contra de mi peor enemigo: YO MISMO.

He tenido que comprender que estos defectos son parte de mí, están en mí y claro está, en cada uno de nosotros. Son como una enfermedad con la que tengo que lidiar permanentemente. Hacen su aparición, por ejemplo, cuando pienso que la vida es tan injusta, que las personas que me rodean solo me fallan, me desilusionan, me traicionan. Entonces, siento como un deseo de explotar y actuar según lo primero que me venga a la mente. Si una persona me falta el respeto, entonces obligarla a que no vuelva a suceder, o si una persona me hiere, desear que ella sienta lo mismo que yo o peor, para que no lo vuelva a hacer. Si alguien menosprecia mis capacidades o me mira por encima del hombro, o simplemente me pisotea porque se siente mejor que yo... Es ese deseo de demostrar que somos iguales y que nadie puede humillarme, como si tuviera más valor que yo. Se dispara como un instinto que te dice: "Bríncale encima, dale un puño, una cachetada".

Son frustraciones, traumas, heridas que se produjeron en el desarrollo de tu niñez o, quizás, la semana pasada. Sencillamente pasan y son situaciones con las que tenemos que lidiar día a día. Si nos dejamos arrastrar por esa corriente de maldad que sale de nuestra naturaleza humana, es seguro y garantizado que terminaremos en problemas serios. El ayuno, entonces, ha sido mi aliado, mi fórmula secreta para obtener la victoria en esas áreas "oscuras" de mi vida.

He aprendido de Jesús que, para mantener nuestra paz, no debemos contaminar nuestros corazones con estos venenos. Es una guerra continua en la que debemos ejercitarnos y mantenernos firmes en su técnica de combate.

"EL ATAQUE MÁS PODEROSO ES EL AMOR, Y EL ARMA PARA DISPARARLO SON LAS PALABRAS".

Alan Vicéns Lugo

Se desarrolla un talento, un arte, diría yo hasta un arte marcial, cuerpo a cuerpo, donde cada persona con la que nos rodeamos en algún momento estará herida por la falta de amor en su entorno. Probablemente, la persona te trate hostilmente, quizás sea un amigo, algún compañero de trabajo o alguien al buscar un servicio en alguna oficina. Pero nosotros, con la amabilidad, le devolvemos el mal con bien. Y así, poco a poco, con las palabras correctas y los gestos de buena fe, comenzamos a vencer la maldad con amor, llenando ese espacio vacío en ellos con bendición y con la luz de Dios que trabajemos dentro de nosotros. Disipa las tinieblas y te dará la victoria. Esto es más para ti, pero también para todos. Puede tomar un momento, horas, días, meses, años...

¿Cómo podemos llegar a vencer eso dentro de nosotros para luego vencerlo en los demás, usando el ayuno?

Específicamente en el Nuevo Testamento, yo he encontrado muchas de las actitudes correctas que debería manifestar en ciertas situaciones. Salomón dijo aún más (Proverbios 19, 11):

-NTV. "Las personas sensatas no pierden los estribos; se ganan el respeto pasando por alto la ofensa".

-RVR 1960. "La cordura del hombre detiene su furor; y su honra es pasar por alto la ofensa".

Toma un tiempo para reflexionar en tus errores y actitudes, para mirar a los ojos a Dios, que es tan bueno y Santo, y reconocer lo que hiciste mal, pedir perdón por tus pecados en el nombre de Jesucristo. Y al hacerlo, recuerda que su nombre no es un conjuro mágico, ni una cuenta de banco para pecar y añadir los gastos a su cuenta... SU NOMBRE ES EL TÍTULO DE LA ENSEÑANZA que debemos de vivir, y cuando miremos a Dios, es decirle: "Señor, me estoy esforzando cada día tal cual me lo enseñaste" Y, literalmente, comenzar de nuevo.

Dejar de comer puede sonar como una locura, pero debilita en ti toda la pasión y la impulsividad que trae nuestro cuerpo de fábrica. A través de la oración, cuando cierro los ojos, siento que, en esa oscuridad, a veces hay muchos pensamientos. Sin embargo, luego de un rato enfocándome en exaltar y adorar a Dios diciéndole lo agradecido que estoy de todo lo que he aprendido y de lo maravilloso que Él es, que fue muy valiente eso de la cruz por amor a nosotros, es como si esa tormenta de pensamientos desapareciera. Entonces, me enfoco y solamente SIENTO...

Siento paz o frustraciones o aflicción, y solo comienzo a pedirle a Dios que me aconseje para poder quitar de mi alma eso que no le agrada y está ahí en ese lugar donde se supone que reine la paz. Normalmente, llega un versículo bíblico que me da dirección. Por eso es tan importante el conocimiento, porque es lo que utiliza Dios de primera mano para dirigirnos. En otras ocasiones, sencillamente soy inspirado en un gran consejo que llega envuelto de una paz maravillosa, que solo quien la experimenta la conoce. Y ahí está la victoria; ahora solo tengo que ponerla en práctica.

Debo confesar que no siempre llega así de fácil. En ese momento, solo nos toca resistir en lo que ya previamente hemos aprendido y la victoria se manifiesta en cualquier momento. Hay un versículo que dice: "Someteos a Dios, resistid al diablo y de vosotros huirá" (Santiago 4, 7).

Sentir la posibilidad de que podemos comunicarnos con Dios si limpiamos nuestro corazón de toda maldad, nos acerca a una relación. Cuando esto sucede, solo te enamoras de esa esencia que te dirige; se llama Espíritu Santo... Luego cambias, cambias actitudes, esos detalles pequeños, porque no quieres hacer sentir mal a la persona del Espíritu Santo que comienza a vivir en ti y contigo.

Hay un versículo de Pablo que me gusta mucho: "Porque el Reino de Dios no es comida ni bebida, sino justicia, paz y gozo en el Espíritu Santo" (Romanos 14, 17).

A través del ayuno logramos muchos de los cambios en nuestra personalidad. Poco a poco, nos vamos transformando a imagen y semejanza de Dios, siendo imitadores de Jesucristo en misericordia, piedad, benignidad y, sobre todo atributo de Dios, nos llenamos de su AMOR para con nosotros mismos y con nuestro prójimo.

Una de las cosas que buscamos con el ayuno —junto a la oración y la meditación en sus enseñanzas— es identificar nuestro lado oscuro o negativo para "someterlo a la obediencia", iluminarlo con la luz y darle paso al carácter santo de Dios en nosotros, con el objetivo de actuar a la manera que lo haría el Maestro. Pero para eso debemos "conocerlo".

¿Cómo trabaja en nosotros?

Él es el Príncipe de la Paz. Así que nos dirige a través de la brújula de la paz en nosotros, que es el Espíritu Santo. Y para ser dirigidos por su reinado, debemos entender su reino. He aquí la parte importante.

¿Cuál es la justicia dentro de su reino?

Hay un versículo muy interesante que dice: "Porque la ira del hombre no obra la justicia de Dios" (Santiago 1, 20).

Para que una persona pueda recibir el favor de Dios, donde sabemos que...¡ÉL nos defenderá! ¡Él será nuestro sustento! ¡Nuestro pastor y que nada nos faltará!, debemos entender algo, y es que nuestra justicia natural dice: "Si un hombre mata a alguien, merece morir o no ver la luz del sol por el resto de su vida en la cárcel más obscura". Y así pensamos porque el hombre natural no tiene misericordia, pero Dios ve a ese mismo asesino con ojos de misericordia, como si fuésemos hijos de una misma madre. Y le da la misma oportunidad de salvación por medio del arrepentimiento genuino y la transformación de su pasada manera de vivir. Entonces, puede comenzar una nueva vida dejando internamente la suya y viviendo la vida de Jesús.

Jesús enseñó que la justicia de su reino no es lo que dice muchas veces la razón humana. Y en ese proceder es donde se esconde el secreto de la sabiduría y el poder de Dios a nuestro favor (y no siempre ganamos el favor de algunos hombres).

A Dios no le agrada la maldad en nosotros, pero, a veces, intentamos establecer una justicia desde nuestra ira y para ser "justos" en lo que debemos dar conforme a lo que recibimos. Si recibimos mal, lo justo es que devolvamos la misma maldad. La única diferencia es que lo justificamos, pero aun así sigue siendo maldad.

En Romanos 12, 21, Pablo dice: "No seas vencido de lo malo, sino vence con el bien al mal".[1]

Cuando nosotros desarrollamos y tenemos la fortaleza para recibir un agravio y, aun así, nos sea doloroso soportarlo, resistirlo y someter ese dolor y lograr devolverlo positivamente, en ese mismo instante nos hacemos participantes del tribunal de Dios y se nos releva de nuestra posición de ofendidos a una honorífica y digna del favor de Dios.

No necesariamente Dios herirá a tu enemigo con una desgracia, sino que lo primero que Dios hará será enviarle un sentido de redargüir, para trabajar con su conducta, con sus heridas, consolarlas y convencerlo de arrepentirse, como lo haría un buen padre de familia. Claro está, tu defensa debe evadir el golpe pasando por alto la ofensa, de manera que no se afecte tu corazón deseando la venganza durante el proceso.

Esta es la justicia de Dios: Que tú no tomes la justicia en tus manos, sino que sea su sabiduría juzgando con misericordia, de la misma forma como lo haría contigo. Así, serás recompensado por Dios con honor y dignidad, con su favor y su gracia, su paz,

---

1 Ver *Lucas 6, 29 para que correlacione mejor el concepto de la justicia de Dios.*

su gozo y con el beneficio espiritual de mantener un corazón y una conciencia limpia delante de su presencia. Contar con su divina amistad, que no falla, y que seas tú su especial tesoro. ¡Esto, familia, es una joya preciosa que no se compra con dinero!

TENTADOS A VOLVER ATRÁS

*U*n tema importante que me gustaría tocar es que, para alcanzar una nueva vida o manera de vivir, debemos identificar y entendernos internamente.

Luego de vivir una vida desordenada, la influencia que provocó esos pensamientos que gobernaban nuestro desorden regresará de tiempo en tiempo e intentará establecerse en nuestra mente hasta, finalmente, manifestar aquella antigua conducta en nuestro exterior.

Recuerdo a un psicólogo que me dio unas terapias. En estas me hablaba de lo que él llamaba pensamientos pre asalto, es decir, pensamientos que llegan a nuestra mente antes de manifestar una acción para convencernos y justificar el acto que cometemos.

En la palabra de Dios (Mateo 12, 43-45), estos pensamientos se identifican como espíritus que viven en uno. Una vez el Espíritu Santo ordena los pensamientos en nuestro interior y dirige nuestra vida espiritual, ha restaurado nuestra casa "limpiándonos" de cada idea incorrecta. Cuando esto ocurre, estos espíritus que nos influencian se van, pero a la larga regresan e intentan retomar su lugar.

Un ejemplo claro de cómo esto sucede se puede ver en las personas con trastorno de abuso de sustancias controladas. Ellos tienen "líneas de pensamientos". En algún momento, luego de superar su adicción, por más firmes que estén en su convicción de no volver a recaer, los visita ese pensamiento en forma de tentación.

Cuando yo estaba ya en la libre comunidad, tuve un sueño.

Me encontraba en la sala de mi casa. Las ventanas se encontraban herméticamente cerradas y escuchaba afuera muchos demonios que rugían y sonaban como una tormenta que intentaba entrar. Pero yo les gritaba: "¡En esta casa está la presencia de Dios!"

Me gustaría mucho que no sonara como fantasía, pero he tenido ya tantos sueños que se han manifestado en mí, que son como un idioma de imágenes con un mensaje de parte del Espíritu Santo, que me habita. Esa Persona que trabaja dentro de mí y me dirige desde mis adentros es Dios, el verdadero Dios al que le sirvo, ese que ve, habla, se mueve y es real.

En otras ocasiones, le he orado a Dios para que me muestre las actitudes mías que no le agradan. Entonces, puedo verme en ciertos momentos del día cuando obré mal de alguna manera. Se me presentan claramente como sus respuestas y comienzo a trabajar en ellas.

No importa cómo los llames, ya sea demonios, pecados, ataduras o espíritus, es importante aprender a identificar específicamente esos pensamientos que te asedian, el nombre de aquello que es real dentro de ti. Es vital que puedas identificarlo, pues solo así podrás combatirlo, ya sea por ti mismo, mediante la dirección de un líder religioso o con la ayuda de algún profesional de la salud mental. Lo importante es que sepas que no estás solo y que existe ayuda.

Pero, a veces, podría ocurrir que, aun con la ayuda humana, no se encuentre solución a tu problema. Es ahí cuando las enseñanzas de Jesucristo nos pueden salvar, literalmente, y dirigir a la santa presencia de Dios. El lugar donde los pensamientos más oscuros son iluminados por la luz de su amor a través de su Espíritu Santo. Somos guiados por el camino correcto, que no es otro que Jesús, no el partido político ni el club de fanáticos al cristianismo, sino la esencia de cómo vivir la verdad de su nombre y todo de lo que realmente significa. Es el camino a la vida en abundancia, no necesariamente económica, sino llena de amor, alegría, fe que te fortalece para cada prueba de la vida, refugio que te cuida y consuelo que te abraza en los momentos más duros que se presentan en el día a día.

Definitivamente, la mente es un universo que no podemos comprender por completo ni con exactitud. Sin embargo, si tenemos herramientas para entender algunas cosas que, si las mantenemos bajo la "sombrilla de la ignorancia", nos pueden perjudicar porque no las entendemos, pues no nos importan. Este es el punto principal de lo que deseo compartir.

¡Tenemos conductas y actitudes buenas o malas que dependen de lo que pensamos! Y está en nosotros alimentar nuestra vida de pensamientos saludables y cultivarlos en nuestro interior para manifestar en nuestro exterior victoria y éxito sobre lo incorrecto.

Quizás este ejemplo le sirva de ayuda a alguien...

Una persona había vivido una vida promiscua, gangas, cárceles, adicciones, pero decide restaurar su vida permitiéndole a Dios pasearse sobre ella, trayendo, mediante el Espíritu Santo, restauración y orden a su caos. Dios le muestra que la violencia es incorrecta y, por su amor a Dios, a su presencia y su nueva vida, deja de ser violento y agresivo, se niega a los impulsos de la ira que hay dentro de cada ser humano.

Abandona las drogas sabiendo que son dañinas para su cuerpo y su propia vida, y comprende que no le permiten estar en sus cinco sentidos para pensar claramente y tomar decisiones importantes sobre su presente y su futuro. Pero un buen día, está trabajando y observa a una mujer doblada de una manera sensual como para recoger unos paquetes. El protagonista se ve tentado a mirar porque en su mente está sembrada la tentación de observar con lujuria, aunque su voluntad está clara y su convicción le dice que es incorrecto.

Este es el momento oportuno para la "derrota'" o para la ''victoria', en el que la palabra DECISIÓN juega un papel muy importante. Si ya conozco cuál es mi debilidad, evito exponerme a todo aquello que pueda tentarme y hacerme caer. De hecho, espero que ya hayas hecho el ejercicio de identificar cuáles son tus debilidades, tus limitaciones, tus inclinaciones al mal. Y hay algo más que deseo aclararte: probablemente tengas que vivir con ellas para el resto de tu vida, como yo he tenido que lidiar con las mías.

Coquetear con la tentación y poner tu pie espiritual hacia una dirección equivocada podría significar que, finalmente, llegarás a ese destino si no frenas tu espíritu o lo que desea tu voluntad. Por eso, la clave de no caer es entender que tus pensamientos llegan primero y te llevan precisamente a donde no quieres llegar... ¡NO SE PIENSA!

No quiero decir que por solo mirar disimuladamente a una mujer con lujuria ya, te acostaste con ella. (El que conoce la palabra, Mateo 5, 28, entiende esto). Pero se abre una puerta, o se podría decir que ya existe una predisposición de tu parte a que, si la otra persona se insinúa coquetamente, automáticamente la naturaleza humana te pondrá en "jaque". Sin embargo, si yo camino por la vida reconociendo mi debilidad humana de antemano, voy en alerta cada vez que pueda surgir alguna situación difícil. Así, mantengo la puerta cerrada para que, cuando vengan las seducciones de la otra parte, ya como buen boxeador yo tenga la defensa en alto para lograr mantener una conciencia sana.

Esto es lo que realmente aspiramos a tener delante de Dios y de su Espíritu Santo, para que Él se mantenga con toda confianza y comodidad dentro de nosotros. De esta manera, sí se vive una comunión saludable espiritualmente, tomando en cuenta, de antemano, que alguna vez nos darán un puño en la cara, pues luchamos con nosotros mismos. Lo importante es que reconozcamos nuestra debilidad y que afirmemos continuamente: "TODO LO PUEDO EN CRISTO QUE ME FORTALECE" (Filipenses 4, 13), para no perderme y seguir peleando la buena batalla.

GLADIADOR

$\mathcal{L}$a definición de *gladiador* es la de un hombre que luchaba contra otro o contra una fiera en el circo romano. Yo podría comparar nuestra condición humana con la de un gladiador que lucha en contra de una fiera. Cuando hablamos de luchar en contra de las pasiones desenfrenadas que hay en nuestros cuerpos, surge un tema que no muchos conocen. Sin embargo, probablemente estén teniendo resultados negativos en su vida por causa de ellas. Parte de mi misión a través de este libro es concienciar sobre estas pasiones humanas, para que las personas que fuimos presos, no solo física, sino mentalmente, a causa de los problemas de conducta, logremos entender que para comenzar una nueva vida es necesario conocer nuestro interior. Es la manera eficaz de vencer y manifestar una victoria en el exterior.

Otro punto muy importante es la crítica social. Primero tenemos una lucha existencial y luego una lucha con lo que ya existe: las personas y lo que opinan de nosotros. Una vez dominamos la primera etapa de comenzar una nueva vida, de vencer esos obstáculos, toca entender que no todas las personas tienen la madurez de verte comenzar de nuevo; te seguirán viendo como antes. Es por eso que no podemos permitir que lo que las personas opinen de nosotros, sea lo que determine nuestra autoestima.

Es aquí cuando, personalmente, me ayuda mucho preguntarme qué opina Dios sobre mí... ¿Cómo saberlo? Pues la obediencia a las enseñanzas de Jesucristo me da luz sobre cómo caminar en la vida correctamente, y mi conciencia me da testimonio sobre si soy real con el camino de Dios, tú sabes, si me mantengo íntegro con las enseñanzas.

Por ejemplo, si la palabra nos dice que amemos a nuestro prójimo —recordando que amar no es solo un sentimiento, sino una decisión—, pues es necesario decidirlo firmemente en nuestro ser. Y así, aunque alguien te trate mal y te haga daño, buscar en el corazón, luchar para que no se contamine con odio, tomando decisiones sabias, incluso si esto implicara alejarte de una persona porque es tóxica. Eso sí, con la integridad de corazón de que Dios sabe que, si fuera por ti, dentro del marco de lo que es correcto, estarías dispuesto a serle de bendición. Pues cuando nos quitamos el uniforme de la apariencia en lo secreto de nuestra intimidad, donde solo Dios sabe lo que hay, es ahí cuando estás seguro de tu esfuerzo por agradar a Dios. Aunque falles cada día en una u otra cosa, tu conciencia misma te da testimonio de cómo está tu relación con Dios. Y si Dios piensa bien de ti, ¿qué importa lo que piensen o lo que opinen los que tienen ojos, pero no ven? Ellos no pueden distinguir entre la apariencia opaca, sin frutos de gentileza, y el brillo de amor que, aunque no hables, se te sale por los poros.

Ahora deseo compartir cuál es una de las columnas principales en el camino hacia la rehabilitación de una persona que ya no quiere vivir más en tinieblas. Este mensaje no es solo para el que está en la cárcel, sino para quien está en la calle o incluso para quien ya vive dentro de una comunidad de fe.

Imagina una película de ciencia ficción. Un lugar donde existe un universo como el nuestro, donde están las casas, lo material y todo lo que compartimos en común. Y además de ese universo, hay, como si fuera un plano de arquitectura puesto exactamente en el mismo lugar donde ya está el universo existente, otro reino u otra sociedad, pero que no es visible. Es decir, que caminamos en el mundo material, pero si extendiéramos la mano, podríamos entrar en el otro plano. Algo parecido a entrar en otra dimensión, de la que podríamos obtener grandes beneficios, pero los cuales no se pueden comprar con nada de lo que hay en el plano material ni con nada que puedas realizar físicamente, sino solo con la actitud que hay en tu alma.

Por ejemplo, si estás en tu trabajo y otra persona te hace sentir incómodo con sus ignorancias, tú, en lugar de ser repugnante con él, manifiesta misericordia en tu corazón para que deje de serlo. Así, generas la luz de Dios en su vida, te refugias en ese plano espiritual y recibes fuerza para no contaminar tu área de trabajo con más negatividad y aires cargados. Si eres sabio y gentil, alumbras con la luz del respeto donde quiera que llegas, porque es lo que cargas y así lo ayudas a él.

El punto más importante es que, para lograr entrar en el Reino de Dios estando aquí en la tierra, es necesaria la humildad de un niño. Esa es la llave del Reino. Cuando nos creemos mejores, asumimos una actitud de soberbia. Y como el Reino de Dios es en los Cielos, pues nuestro ego está por las nubes juzgando que los demás son ignorantes, que no se esfuerzan lo suficiente, que deben aprender de uno. Asumimos una actitud en la que siempre hablamos, pero nunca escuchamos humildemente, ni siquiera las ocurrencias de un niño; porque nuestro tiempo es muy importante y eso no nos hace "crecer". Nos equivocamos. La puerta del Reino de Dios está por debajo... Pregúntale a Jesucristo, quien para poder entrar con todo su esplendor en la gloria, se tuvo que agachar humillándose lo suficiente, dejándose matar el cuerpo en una cruz (Filipenses 2, 7-17). Eso nos debe dar fuerzas para la convivencia con las demás personas en este mundo.

Ahora bien, en la fe cristiana se habla de la venida o el regreso del Mesías, de Jesucristo, el rapto, el arrebatamiento; cuando se llevará a la Iglesia a su Reino. Y a modo de ilustración, habla de su cuerpo. Entonces, todo aquel que esté dentro de ese plano espiritual del que les hablaba podrá entrar. Ahora les hablaré sobre la forma de permanecer en él.

LA GRACIA

La gracia es que Dios les da su mayor tesoro a quienes menos se lo merecen. Esos somos nosotros. Pablo habla en Efesios 2, 8 de este favor inmerecido: "Porque por su gracia somos salvos por medio de la fe; y esto no es de ustedes, sino que es don de Dios..."

Siempre se habla de que somos salvos por gracia y no por obras; es decir, no hay nada que yo pueda hacer para ganar mi

91

salvación porque es un regalo. Pero yo soy un poco como la nota discordante y pienso que hasta para recibir un regalo debe de haber una acción de parte nuestra; como mínimo, estirar las manos.

El apóstol Pablo, diría yo, fue quien más revelación recibió de Dios para conocer el carácter de Jesucristo, y aun así, no vivió con el Maestro. Pues Pablo dice en 1 Corintios 15, 10: "Pero por la gracia de Dios soy lo que soy; y su gracia no ha sido en vano para conmigo, antes he trabajado más que todos ellos; pero no yo, sino la gracia de Dios en mí". Simplemente, a Dios le pareció bien manifestarle a Pablo el CONOCIMIENTO. Ahí está la gracia: en simplemente parecerle bien a Dios iluminar su mente.

Esa acción de Dios provocó una pasión en Pablo que lo motivó a trabajar más que todos los apóstoles que vivieron con Jesús. Pero el apóstol quería dejar claro que, como era notable, el trabajo no había sido suyo: "¡Pero no he sido yo!" Porque él sabía muy en sus adentros que era la reacción de la acción de Dios sobre su vida.

Quiero que comprendas que la gracia de Dios está en tu vida, dentro de ti, a favor de tu salvación. Así que pongamos manos a la obra sobre la gracia de Dios y, con el ejemplo de este hombre, trabajar mucho para alcanzar a tantos. TRABAJEMOS LO NECESARIO PARA ALCANZARNOS A NOSTROS MISMOS y permanecer dentro de su reino.

Debo confesar que la parte más difícil, diría yo, de mi rehabilitación y reinserción a la sociedad es que estoy siempre entre la espada y pared, entre la CARNE Y EL ESPÍRITU. Cada día de mi vida, despierto queriendo agradar a Dios, cumpliendo con su ley de amor en mi espíritu; pero de igual forma, día tras día, con la realidad de que soy carnal y fallo. No siempre doy testimonio de un buen cristiano debido a los tropiezos, que son más visibles que otros; quizás en el trabajo o en el matrimonio. Estos impulsos y caídas son los que me hacen sentir que todavía soy humano. Pero como de los tropezones se aprende a caminar, he aprendido a no dejar asperezas sin limarse para no permitir que mi corazón espiritual se contamine con el veneno que cada día sale de mi carne.

Cada caída tiene sus consecuencias y tenemos que aprender a lidiar con ellas. A veces, nos juzgamos más que el mismo diablo y cuando fallamos, pensamos que no somos dignos de que un Dios perfecto y tan Santo nos dé continuamente, una y otra vez, la oportunidad de seguir caminando de la mano con Él. Siempre y cuando estemos dispuestos a levantarnos, Él lo estará para darnos la mano. Así son su gracia y su misericordia: ¡SIMPLEMENTE PORQUE LE PLACE!

PIEZAS DEL ROMPECABEZAS QUE SE PERDIERON EN EL CAMINO

En este último escrito, trato de presentar las piezas sueltas que se quedaron al montar el libro. Sentí en mi corazón que no podían quedarse fuera porque, aunque son piezas sueltas, son las que encajan perfectamente con el hombre que soy hoy. Comparto estas piezas con ustedes, seguramente algunos llorarán y otros tendrán la herramienta necesaria para levantar a su familiar en procesos de confinamiento y/o adicción.

Pieza A: *Una paternidad anhelada, en un mundo lleno de tinieblas -Dentro de la cárcel*

*Solo para entendidos

Todavía recuerdo el día de mi cumple años veintiuno. El traslado de la cárcel de jóvenes a la de adultos. Como dicen en los menores: "las grandes ligas". En esta cárcel de adultos, puedes salir de tu celda a un lugar más espacioso, ya que tu cuarto está diseñado con una pequeña ducha adentro. Allí puedes ejercitarte, solamente una hora, en la plazoleta o en la cancha, y coger un poco de sol a través de las rejas que decoran el panorama del bello y resplandeciente cielo azul de Ponce. Para poder estar con otros confinados, tienes que firmar un relevo de responsabilidad en el que aceptas el riesgo de estar con personas peligrosas que tienen 99, 200, 500 años de sentencia, y algunos simplemente no tienen fecha de salida porque la sentencia dictada fue SEPARACIÓN PERMANENTE DE LA SOCIEDAD.

¡Bienvenido a El Mostro Verde! Y yo, con mi *"Flow"* de menor que no se deja, ¡jajaja! Nunca olvido la primera persona en acercarse a mí para pedirme un favor. Recuerdo que le salí con una actitud de *"ranqueo"*, entonces Cano Gatillo me escribió una cartita que decía: "¡Bienvenido menor! Te voy a dar un consejo: Aquí no se puede estar disparando de la vaqueta. Hay gente peligrosa, y al que le saliste con actitud, es el jefe". Todavía recuerdo ese mensaje, toda la guapería en mí se canalizó por un momento. Pero las respuestas de él siempre eran como tan sabias. Nunca quería problemas, no porque no fuera valiente, sino porque LO VALIENTE NO QUITA LO CORTÉS. Pero, como quiera, siempre había, en cada conversación, una advertencia de peligro aun con su calma y su tono de voz.

Recuerdo un día que uno de los muchachos estaba "a lo loco", se metía en problemas con todo el mundo. Era de esas personas que, sencillamente, no tenían miedo de meterse en problemas dentro de la prisión, porque ya han llegado a un nivel en el que solo quieren morir. Por eso, ocasionaba altercados hasta con los oficiales. No olviden que la cárcel es donde nadie puede establecer el orden racional, ni legalmente ético. Es aquí donde los grupos, aunque algunos no estén de acuerdo, ayudan a establecer estructura dentro de la población.

Ese día estábamos jugando baloncesto, no olvidaré cómo de un segundo al otro, este muchacho estaba debajo de todo el mundo listo para pasar "al otro lado". Y yo, con una sentencia de doce años, quería quedarme para ayudarlo. Pero en ese instante, llegó el consejo del jefe, un gran sabio dentro de la prisión. Con autoridad y con la furia del rugido de un león, me gritó: "¡Vete de aquí!". Me quedé sorprendido y sencillamente salí.

94

Luego vi al muchacho que todavía seguía por allí porque tuvieron misericordia. Más tarde, en una conversación, el jefe me dijo: "Tú no quieras ser como yo. Doce años se van en un abrir y cerrar de ojos; no pierdas la vida aquí". Fue cuando, por primera vez, dentro de este mundo de las tinieblas, alguien que yo estimaba como de honor en la calle, me dio un consejo real para mi bien. La primera vez en mucho tiempo que sentí que alguien me cuidó. Alguien veló porque mi valentía y atrevimiento para hacer las cosas malas no repercutieran en mi contra, a causa de la impulsividad de mi ignorancia.

Mientras todos lo veían como una persona negativa, asesino, alguien que es peligroso; puedo decir que encontré a alguien con deseos de ser un padre responsable que velaba por su hijo. Dentro de esta subcultura de violencia, fuerza, desvíos, corajes y frustraciones, el "jefe" fue mi padre dentro de la cárcel. Su anhelo era que atravesara el camino de sombras, de valles de muerte; sin mirar a derecha ni izquierda, y que solamente lo atravesara y saliera lo mejor posible. Deseaba que pudiera continuar mi vida, reflejando en mí la suya. Buscaba una manera de enmendarse a través de mí y aportar algo del bien que habría querido tener para sí. Quería sentir, a través de mis pasos por la libre comunidad, que podía andar juntamente conmigo en mi buen camino. Siempre viviré agradecido por su protección y respaldo. Así comenzó una relación de padre e hijo. Uno que no tuvo cerca a su verdadero padre y el otro que carecía de la cercanía de su verdadero hijo. ¡Gracias pai, que Dios te bendiga y guíe tus pasos! Siempre estás presente en cada escaño que alcanzo. Siempre te recuerdo como ese hombre que cuidó de mí y me brindó un buen consejo para no continuar en lo mismo.

Atentamente: El pequeño Saltamontes.

Pieza B

*E*n varias ocasiones, personas con las que me relacionado en la libre comunidad me dicen: "Tú no pareces que hayas estado preso", ¡Ja ja ja! Y es porque me expreso de una forma muy propia y con educación. De igual forma, recién convertido, mi familia más lejana, asombrados por la noticia de mi conversión, comenzaron a viajar desde los Estados Unidos para visitarme y ver con sus propios ojos lo que Dios había hecho en mí. Recuerdo cuando me visitó mi querida titi Whichi, cuando yo comencé a excusarme con ella por los tatuajes, porque me daba vergüenza que ellos me vieran así (ya que mi familia son bien decentes), me respondió de una manera muy sabía que me permitió ver la bendición que Dios había depositado dentro de mí: "No te preocupes, cuando tú hablas, nada de eso se ve".

Al salir, visité a mi tía junto a mi esposa en la Florida y nos trató como reyes. El amor de la familia por parte de mi padre ha sido uno hermoso. Ya no soy esclavo del temor, porque soy hijo de Dios.

¡Los amo, gracias por ver mi corazón!

Pieza C

*R*omper "vicio" (como se dice en la calle) es como tener un huracán sobre todo tu cuerpo. Es como si te hubieran "hackeado" la computadora de tu sistema de salud y todo estuviera envenenado con ácido. Te quema los nervios hasta brincar o dar saltos involuntarios que no te dejan dormir porque, literalmente, saltas en tu cama, bostezas, sudas, te da fiebre, tus ojos están llorosos, vomitas, te dan diarreas, sientes un dolor en los huesos, como la peor influenza que te pueda haber dado; a eso se le añade insomnio, escalofríos muy intensos, todos estos juntos de manera crónica entre los primeros tres a cinco días. Luego puedes estar de 20 a 30 días estabilizando tu cuerpo en una etapa en la que, si duermes 3 o 4 horas en las noches, tendrás suerte, porque es como si los residuos de la droga fueran tan fuertes que el químico no permite que ningún medicamento te haga efecto. Lo peor es que la codependencia se queda grabada en tu mente. No solo ataca tu salud física, sino también tu salud mental. Esta maldición se mete en tu sicología, de manera que puede dominar al hombre más fuerte y a cualquiera. Un lazo en el que, simplemente, quedas preso de coquetear con la idea y solo probarla.

Muchas veces, juzgamos a las personas con trastorno de abuso de sustancias en las luces o a los usuarios de drogas que están entre nuestros familiares, cuando tratan de levantarse o cuando rompen vicio, están unas semanas bien y luego recaen. No hay ni una persona con trastorno de uso de sustancias o deambulante que esté en una luz pidiendo dinero por que sea su voluntad. Lo más difícil es saber que, si les ofreces ayuda, la mayoría la rechazará, por lo que podemos llegar a pensar que prefieren estar así.

Ten en cuenta que hay un gran número de usuarios de drogas, que intentan salir de adicciones como la heroína, que mueren en el intento por causa del doloroso proceso. ¿Cuántas veces tiene ese muchacho que haber sido víctima de este doloroso proceso y recaer, una y otra vez; por algún tipo de crisis que no podía sobrellevar por su propia capacidad? En ocasiones, llegan a la conclusión, dentro de su mente distorsionada por este veneno, de que es más viable morirse de una sobredosis antes que salir exitosamente del vicio de la heroína. Solo Dios puede rehabilitar a un ser humano que ha llegado a este extremo. Solo Dios, sanando las heridas que hay en su alma y dándole, a través de un milagro, una nueva forma de pensar. Esto no es solo sicología 101; es poder de Dios para salvar vidas.

Ahora bien, luego de tomar nueva capacitación en Consejería en adicción y varios otros estudios en la materia, tengo la certeza que la combinación de varios elementos a niveles sicológicos y de asistencia con personas sobrevivientes a esta situación, es viable sacar a alguien de su trastorno de abuso de sustancias controladas. La vida me ha llevado a recibir la educación para asistir a personas en este proceso. Toda la gloria sea para Dios.

TRASTORNO DE ABUSO DE SUSTANCIAS: Tema del que no me gusta hablar, pero es necesario que sepan lo que viví

*E*n mi pasado, con mis problemas de adicción, en general, yo fui usuario de marihuana, marihuana sintética, pastillas (todo tipo de narcótico que estuviera a mi alcance). Como desde los doce años, ya fumaba cigarrillos a escondidas y la marihuana en ocasiones, cuando alguno de los títeres de la calle yo les pedía y alguno no me la negaba. Ya como a los quince o dieciséis, comencé con todo y con el uso de la cocaína. Era una adicción crónica en la que podía gastar cientos de dólares en una noche. Muchas veces eran días o fines de semanas enteros en los que no dormía, consumiendo de día y de noche. Todo el dinero que estuviera a mi alcance era destinado a saciar el "vengamás", que nunca se satisfacía sino cuando ya mi corazón decía "no aguanto más", por la taquicardia o porque la misma garganta se trancaba y me llevaba a un nivel donde hasta me dolían los dientes, y cuando soplaba mi nariz, lo que salían eran pelotas de sangre.

Ya a los dieciocho años de edad comencé con la heroína, y como a los veintiuno, con "la milagrosa". Consumí la heroína durante un periodo de seis años y medio consecutivos aproximadamente. El punto más deprimente es cuando se pierde la dignidad y uno comienza a rebajarse frente al *dealer*, porque ya no tienes dinero y le terminas rogando para que te fíe o te cure por, tan solo sea, hacerle un favor. Un poco del papel donde queda lo necesario para mojar con algunas gotas y conseguir el color suficiente para quitar ese dolor.

De ahí en adelante podría hablar de las veces que mientes, robas, traicionas la confianza y llega el momento cuando no eres tú mismo, sino la adicción moviéndote como una marioneta para hacer las cosas más obscuras, con tal de tener un poco para apenas comenzar el día de pie y acostarte curado para poder dormir. Y al día siguiente, buscar que aparezca algo más, para continuar con esta maldición en forma de veneno que te mata por dentro. Pero no por mi propia voluntad, sino porque, por más que me resistía y me negaba a seguir, me dominaba. Por esto, cuando ya había caminado varios pasos para dejarla y no volver más a conocerla, aparecía algún emisario del diablo para regalarme un poco más de ese dulce amargo que tiene un alto precio. Cada gota me mataba, aunque a veces uno muere como adicto por montarse en esa montaña rusa un día más.

¡El Señor reprenda al diablo! Una vez Dios me libertó, simplemente las ganas se fueron literalmente. Tan es así que hoy día no se asoman ni líneas de pensamiento, y si las hubiera, son tan lejanas que la llenura de la voz del Espíritu Santo las enmudece; nada de nada. Recuerda que cuando yo negocié con Dios le dije: "Señor, si tú me das fuerzas todos los días para no caer nuevamente, sabré que estás conmigo. De igual forma, le hablaré todos los días a alguien de que eres real". Y hasta el sol de hoy, Dios ha sido fiel a su pacto. Pueden venir muchas pruebas de cosas diferentes y difíciles, pero créeme que nunca me han faltado las fuerzas para vencer los vicios. Te puedo afirmar que no provienen de mí. Por eso es que sigo de pie, porque es Él en mí. El día que yo lo suelte a Él, te garantizo que mis fuerzas no tendrán ya el mismo poder, exactamente igual que ocurrió con Sansón.

Mi consejo para ti, mi hermano, es que el truco está en la llenura de Dios y en la diligencia de no dejarte vaciar. Reparar cada rotito que aparezca en tu cisterna con las herramientas que Él te da, no con las que tú creas. El apóstol Pablo decía: "Retén la norma de las sanas palabras que has oído de mí, en la fe y el amor en Cristo Jesús (2 Timoteo 3:14). Y "Ten cuidado de ti mismo y de la enseñanza; persevera en estas cosas. Haciéndolo asegurarás la salvación tanto para ti mismo como para los que te escuchan" (1 Timoteo 4,16).

Hoy día, varias de las personas que se hicieron como mis hermanos en la cárcel, personas inteligentes, de buen corazón, gente valiente y de palabra, de esas que uno ni se imagina que la adicción los dominaría hasta la esclavitud, han muerto de sobredosis. No mencionaré sus nombres, pero en su memoria dejaré una página en blanco...

Vivencia de una madre para otra madre o padre

Escrito por mi madre amada: Eunilda Lugo

¿QUÉ LLEVÓ A MI HIJO A LA CÁRCEL?

Fue un proceso muy difícil, me sentí impotente, frustrada, deprimida. Me preguntaba constantemente en qué había fallado. Llegué a pensar que no era una buena madre, aunque sentía en lo más profundo de mi corazón que los amaba. Pero, en el proceso, comencé a darme cuenta que fueron muchos los factores que llevaron a mi hijo al mundo de la delincuencia, vicios y, finalmente, la cárcel.

Entre esos factores los más sobresalientes son:

1. Fui madre soltera.

2. Pensé que no necesitaría nada de su padre y me propuse demostrárselo.

3. No fui firme cuando decía que NO.

4. Me enfoqué más en trabajar que en estar presente en sus etapas de desarrollo.

5. No fui muy comunicativa.

6. No tuvo mucha supervisión, ya que tenía que trabajar para darle de comer y un techo seguro.

En la vida logré la mayoría de mis metas. Terminé un bachillerato en Administración de Empresas, pero no estaba administrando la empresa más importante: mis hijos.

Logré superarme profesionalmente y salir del residencial para comprar mi propia casa, aunque yo venía de una familia de campo literalmente pobre. Tuve mis autos y dinero para nuestro sustento, pero no logré equilibrar entre mi trabajo y mi familia, el tiempo que tenía. Diría, además, que fui muy poco tolerante y muy explosiva a la hora de reprenderlos. Quizás canalizaba mis frustraciones y cansancios en ellos. No tenía una herramienta eficaz para llevar el mensaje que quería. En definitiva, gritaba más de lo que comunicaba.

En todo este proceso, ambos padres son muy importantes en la crianza de los hijos. Sobre todo, si se separan, deben ser lo más maduros posible para mantener una buena relación con los hijos. De esta manera, los menores no se verán tan afectados, ya que son los hijos perjudicados. La buena comunicación entre los padres puede romper o evitar futuros conflictos para los hijos.

Luego de que mi hijo fue a la cárcel, fue un golpe muy duro para mí como madre. Sentía que se me escapaban las fuerzas para seguir luchando. Del Sistema de Corrección puedo decir que sentía que me absorbía las fuerzas, por sus tratos en ocasiones ofensivos hacia la familia en la visita o en los protocolos tan exigentes (me refiero al tiempo de mi hijo en confinamiento, no puedo hablar sobre cómo operan en el presente). Llegué a sentir que me veían como si yo fuera la criminal junto con mi hijo. Cada vez que Alan tenía problemas adentro, se reflejaban afuera, por la hostilidad de los oficiales. Fue un proceso con muy poca sensibilidad y, en definitiva, con una agresión que genera más agresión. Diría que el Sistema necesita una reforma e inclinarse más hacia la verdadera rehabilitación. El ser humano nace imperfecto, pero con pequeños cambios se logran grandes cosas.

Mi hijo salió rehabilitado gracias a que tuvo un encuentro con Dios. Yo fui testigo de su trasformación y cambio de actitud, paso a paso, en cada visita. ¡Dios libertó a mi hijo! Aún recuerdo cuando me decía: "Mami, me siento libre", aunque físicamente todavía estaba preso. Fue necesario cada proceso detrás de las rejas. Si él no hubiera caído en la cárcel, no habría conocido a Dios. Vi todo su proceso: desde ser un adolescente rebelde, violento, impulsivo y fuerte de carácter que no escuchaba a nadie; a ser transformado y libertado detrás de las rejas. Solamente Dios pudo hacer el milagro; simplemente un gran privilegio. Vi cómo en mi hijo, luego de aceptar a Dios en su vida y dejarse dirigir por Él, todo en su entorno cambió, se transformó, sus pasos fueron fuertes, firmes y seguros.

Te invito a ti: Madre, padre, abuela (a), esposa (o), hijo (a); a que no pierdan la fe. No dejen de visitar a sus seres queridos, no dejen de escribirles. El contacto es muy importante en sus procesos de sanidad.

2021, año de retos...

Van cuatro años de mi salida de la prisión. Hacer un libro es más difícil de lo que imaginaba. La producción de una portada, una edición elegante (por mis desafíos con la ortografía), presupuesto para publicar... Estos fueron algunos factores que detuvieron un poco la publicación inmediata; pero todo tiene su tiempo y todo tiene su hora. Y este era el mejor momento.

Me era necesario esperar en el tiempo perfecto del Padre, necesitaba añadir cosas muy importantes. También me era necesario eliminar otras que solo traerían a memoria eventos que pueden abrir heridas. Sí, me era necesario tomar todo este tiempo para revisar y revisar. En el proceso, mi esposa leyó cada línea una y otra vez, trayendo a mi memoria cosas que me eran necesarias relatar y otras eliminar. Esto me permitió elaborar un producto de alto valor.

Estoy en una nueva etapa de mi vida donde Dios se ha glorificado de manera especial. Me ha honrado de muchas maneras y he sentido su mano acariciándome una y otra vez. Ese amor "ágape" que Él me brinda, me permitió comprender que me era necesario cerrar puertas, para darle paso a otras

Sé que han esperado mucho este escrito, aquí les entrego parte de mi corazón, mis procesos, mis angustias y parte de mi felicidad. Espero usen cada herramienta para bien. Porque he pedido consejo al Padre para que sea de bendición. No saquen de contexto mi escrito, no lean lo que les conviene. Tomen el "todo" y reciban la esencia de la bendición que deseo compartir con ustedes.

Esto no es una "tiraera" a nadie. Tenemos lo que nos buscamos. Por ende, el Sistema tiene asuntos que en ocasiones nos retan, pero los que estamos a conciencia, sabemos que muchas cosas nos las buscamos. Me fue necesario ser procesado para valorar la libertad, mi familia y la bondad de Dios.

Esto lo comparto para cuando me leas, no busques juzgar el "Sistema" o si hay o no rehabilitación real. En mi paso por la cárcel comprendí que la rehabilitación está en la disposición que yo tenga para hacerla real. Cada proceso es un mundo, cada persona debe transformarse con las herramientas que tengan a su alcance. Pero algo les puedo decir, los cambios exigen VOLUNTAD Y ACCIÓN.

EL PRESENTE

La vida nos sigue regalando oportunidades para mostrar el amor no solo cuando se es feliz y todo va bien. Así, cada prueba que nos toca vivir es precisamente eso: una prueba de tu amor en el momento en que se requiere que sea manifestado.

Me ha tomado varios años, literalmente, escribir estas humildes páginas. Deseo compartir contigo mi realidad actual.

Logramos incorporar la primera cooperativa de trabajo asociado en Puerto Rico, con una junta directiva compuesta de personas con antecedentes penales, junto a profesionales con record sin antecedentes penales. De esta cooperativa fui socio fundador y presidente ejecutivo (administrador). Queríamos levantar una empresa dedicada a la necesidad en la industria de la pastelería puertorriqueña. Nuestra meta era fabricar masa de hojaldre para suplir, directamente a los dueños de panaderías y cafeterías de Puerto Rico, la materia prima para sus quesitos, pastelillos de guayaba, etc.

El Fondo de Desarrollo de Cooperativas de Puerto Rico proporcionó más de $20 mil dólares para la habilitación de un local y estaban dispuestos a darnos un préstamo para arrancar el proyecto. Aun conociendo los antecedentes penales de algunos de los miembros, estaban dispuestos a materializar nuestro proyecto, que brindaba un gran potencial para desarrollar empleos en nuestro país.

Lamentablemente, la situación de COVID-19 detuvo nuestro proyecto, por lo que fue necesario entrar en pausa, ya que las agencias que brindaban los permisos que nos faltaban entraron en receso, y esto detuvo nuestro proyecto. Nosotros como integrantes de la Cooperativa, no podíamos quedarnos de brazos cruzados y necesitábamos trabajar, así que la extensión de la Pandemia detuvo nuestro hermoso proyecto. Lamentablemente luego de que bajaron un poco los casos de COVID, cuando intentamos retomar las reposterías a las que ofreceríamos servicio, algunas no estaban operando o habían cambiado su plan de mercadeo. Esto provocó que nuestro plan ya no fuera viable. Como hombres íntegros y con mucho dolor en nuestros corazones, tuvimos que disolver un gran proyecto. Entendiendo que el mercado cambió, que las condiciones ya no eran las mismas y no podíamos entrar en un negocio que posiblemente dejaría pérdidas. Pero como siempre comprendiendo que todas las cosas obran a bien. Dios tiene planes mucho más grandes que los nuestros.

A mis compañeros de Junta de Hojaldre Coop, mi admiración y respeto por dar este gran paso de abrir puertas para futuras personas con antecedentes penales. De igual forma mi eterno respeto y admiración a FideCoop, CD Coop y muy especial a Amarilys Roldán, Axel Santiago y José Julián Ramírez, quienes siempre tuvieron las puertas abiertas para recibirnos y nutrirnos de sabios consejos. Al movimiento cooperativista en general, gracias. Desde que estuvimos en prisión creyeron en nosotros. Fui parte de la primera cooperativa de confinados del mundo -

ARIGOS y su sexto presidente. Eso es algo bien GRANDE.

El proyecto de Hojaldre me empoderó para desarrollar una compañía de construcción llamada V&N Construtions, especializada en electricidad y todo tipo de trabajo de construcción, albañilería, soldadura, sellado de techo, montaje de gabinetes, fascias para televisores y muebles en PVC. Todo esto aconteció en medio del desarrollo de la cooperativa de trabajo asociado. Lamentablemente con la Pandemia, también nos vimos en la obligación de cerrar operaciones. Pero TODO ha obrado a bien.

Ahora bien, todo este panorama de éxito y aparentes derrotas han demandado de mí mucho esfuerzo, sacrificio, dedicación, ser autodidacta, tiempo, paciencia, sabiduría y favor del Cielo para manifestar confiabilidad. Todo ello con el objetivo de lograr una estabilidad económica y la confianza en que el dinero me ayudará a conseguir lo que me proponga o necesite en la vida. Actuando conforme al llamado que tengo, de utilizar los talentos que Dios depositó en mí para SU REINO Y NO EL MÍO.

Pero dentro de la palabra SACRIFICIO para alcanzar el éxito, he llevado dentro de la maleta EL AFÁN y mi TIEMPO, que es sinónimo de VIDA, mi MATRIMONIO, pero, sobre todo, el fundamento de mi nueva vida y el principal motivo de la victoria sobre mi pasado: MI RELACIÓN CON DIOS.

Durante el proceso, hubo un momento en que mi vista fue cautivada y la fijé sobre las bendiciones, más que en quien me bendice y hace prosperar. El hambre de tener y acumular más de lo que realmente necesitaba para satisfacer la necesidad de sentirme exitoso, hizo engordar mi orgullo y mi ego. Estas pasiones apantallaron la humidad y la sencillez que realmente quería imitar de mi Señor Jesús.

Entonces, dentro de mí, libre y voluntariamente, solté aquello a lo que me aferraba. Y volví mi confianza y mis ojos al Dios de mi salvación. Quité la corona que puso en mi cabeza y la devolví a sus pies para entender que el éxito de la vida no se encuentra en lo que puedo hacer de mí, sino en lo que pueda hacer por los demás. El egoísmo me ayudó a alcanzar una meta terrenal, pero el altruismo me posicionó en el corazón de Aquel que trasciende a lo eterno.

Me tomé el tiempo donde decidí dejarlo todo, seguir a Jesucristo y ser un hijo que se involucra en los menesteres de su Padre. En resumen, decidí no solo predicar esta palabra como un "part time", dedicándole un diezmo de mi tiempo —cuando si no fuera por Él, ¡No tendría vida!, Sino vivir para llevar el mensaje de la palabra más poderosa del mundo y ayudar a que las vidas sean transformadas para bien, permitiendo una nueva oportunidad. Palabra VIVA que tiene el poder de restaurar y penetrar tan adentro hasta llegar a la esencia de personas que, como yo, no teníamos esperanza.

Puedes ser exitoso con perseverancia, con dedicación y esfuerzo; puedes levantarte y hacer de ti, lo que te propongas... Pero Dios puede hacer de ti una versión que trascienda la grandeza de este mundo. Solo con sumergirte en su presencia para recibir entendimiento y dirección, haciéndote partícipe de su reino, que comienza en la Tierra, pero permanece mucho más allá, después de la muerte en y por toda la eternidad.

Decidí abandonar las corrientes que me alejaban de Dios (recuerda que lo peor que te puede pasar es que te vaya bien en algo que no es la voluntad de Dios). Rescaté mi compromiso con el Señor. Con esto me refiero explícitamente a mi tiempo de oración y dirección del Espíritu Santo en cada una de mis decisiones. Quizás para algunos sea fanatismo, extremismo o falta de balance; pero nada de lo que me aleje de Aquel que me libertó de donde nadie me pudo rescatar, me va a ser tanto bien como Ese que me rescató en prisión para rescatar a otros.

Luego de tener mi espacio y tiempo separado con el Señor, una vez más me bendijo por ser obediente. Miren cómo es el amor y la misericordia de Él. Desde finales del 2020, fui recomendado para trabajar en un proyecto que me permite ayudar a personas que atraviesan trastornos de adicción. Sin pedirlo, se presentó esa llamada para que fuera a entrevista con una Agencia que me permite ayudar a personas que están atravesando por los procesos que ya yo atravesé. Así hace el Señor, honra a sus hijos. Desde marzo 2021, comencé a trabajar en mi gran pasión. ¿Quién diría que trabajaría en lo que por años hago de forma voluntaria a través del Ministerio? ¿Quién iba a imaginar que estaría en una posición de honra que me ha permitido capacitarme y certificarme en trastorno por abuso de sustancia con la Universidad Central del Caribe. También soy miembro del Comité del IRB en la Universidad Albizu Campo en San Juan, como representante de la población en confinamiento. Por mi mente no pasó esta posibilidad, sí les puedo decir que cuando se presentó esta oportunidad de empleo, lo presenté al Padre y esperé Su autorización. Y su respuesta fue sí.

Seguramente cuando me leas, ya estaré cursando mi primer año de bachillerato en Trabajo Social. En pocas semanas comienzo mi nueva carrera. ¡Finalmente caí donde Dios me quería!

Esta historia continúa, puedo concluir que cuando dejas todo en las manos del Padre, te esfuerzas y eres valiente... El proceso será más llevadero.

¿Que si he sufrido? ¿Cuánto he llorado? ¿Cuántas veces me he sentido en el piso? ¡Wao! No puedo contarlas. ¡Pero eso sí te confirmo, ME HE LEVANTADO CADA VEZ CON MÁS FUERZAS!

¡Levántate, seca tus lágrimas y esfuérzate! Te garantizo que tendrás la victoria.

¡La paz y gracia de Dios este sobre cada uno de ustedes!

Les desea su hermano,

Alan Vicéns Lugo

Evangelista del Señor y futuro Trabajador Social

Esta historia continuará...

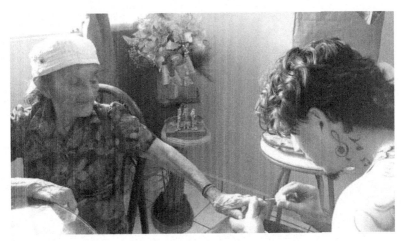

Te amo abuela; te extrañaré por siempre.

Made in the USA
Middletown, DE
22 October 2022

13150267R00066